Bruno Carneiro Lira, osb

A VIRGEM MARIA NO ANO LITÚRGICO

Dados Internacionais de Catalogação na Publicação (CIP)
(Câmara Brasileira do Livro, SP, Brasil)

Lira, Bruno Carneiro
A Virgem Maria no ano litúrgico / Bruno Carneiro
Lira. -- São Paulo: Paulinas, 2018. -- (Coleção tabor)

Bibliografia
ISBN 978-85-356-4362-6

1. Ano litúrgico 2. Celebrações litúrgicas 3. Igreja
Católica 4. Maria, Virgem Santa 5. Maria, Virgem Santa
- Culto I. Título II. Série.

18-12048   CDD-232.91

Índice para catálogo sistemático:
1. Virgem Maria: Liturgia: Cristianismo   232.91

1ª edição – 2018
1ª reimpressão – 2018

Direção-geral: *Flávia Reginatto*
Editora responsável: *Vera Ivanise Bombonatto*
Copidesque: *Mônica Elaine G. S. da Costa*
Coordenação de revisão: *Marina Mendonça*
Revisão: *Sandra Sinzato*
Gerente de produção: *Felício Calegaro Neto*
Capa e diagramação: *Claudio Tito Braghini Junior*

Nenhuma parte desta obra pode ser reproduzida ou transmitida por qualquer forma e/ou quaisquer meios (eletrônico ou mecânico, incluindo fotocópia e gravação) ou arquivada em qualquer sistema ou banco de dados sem permissão escrita da Editora. Direitos reservados.

Paulinas
Rua Dona Inácia Uchoa, 62
04110-020 – São Paulo – SP (Brasil)
Tel.: (11) 2125-3500
http://www.paulinas.com.br
editora@paulinas.com.br
Telemarketing e SAC: 0800-7010081
© Pia Sociedade Filhas de São Paulo – São Paulo, 2018

Minha homenagem
a Nossa Senhora da Conceição,
pelo tricentenário de seu achado
nas águas do rio Paraíba do Sul,
em Aparecida do Norte (SP),
Mãe e Padroeira do Brasil,
Nossa Senhora Aparecida (1717); e

a Nossa Senhora de Fátima,
pelo centenário de suas aparições em Portugal (1917).

Nossa Senhora Aparecida e Nossa Senhora de Fátima,
rogai por nós, teus filhos.

Agradeço a proteção da Mãe de Deus neste ano de 2018,
que para mim é jubilar:
57 anos do meu Batismo;
50 anos da minha Primeira Comunhão e
25 anos de sacerdócio!

Um brinde às Bodas de Lápis-lazúli, de Ouro e Prata,
como também à Santíssima Trindade
por tamanha misericórdia e bondade.
*Deo Gratia*s!

Dedico

A São João Paulo II, o grande devoto da Virgem Maria!

Aos meus pais, Nivalda e Paulo; aos meus irmãos e sobrinhos;

Aos queridos amigos, Pe. Luciano Brito e Diácono Mivacyr Lima;

Às amigas, Helen Brito, Leonor Barros e Simone Alves;

Aos nossos paroquianos e paroquianas da Paróquia de Nossa Senhora de Fátima de Boa Viagem;

Aos amigos Benildes, Mário Roberto, Ricardo, Marquinho, ao Dr. Mário Melo (*in memoriam*) e demais familiares;

À Dra. Janaína Gallindo e sua mãe, Icília Gallindo (*in memoriam*), pelo exemplo de cristã das duas;

Ao casal que ama a Virgem Maria: Nivaldo Carvalho e Carlinda.

Às queridas religiosas, Ir. Ivonete Kurten, fsp, e Ir. Élide Fogolari, fsp;

Aos amigos colaboradores da Livraria Paulinas do Recife.

Aos caros amigos: Manoel Francisco de Lima Neto, Rubens Valença e Erbety Sena, da Academia Bodytech-Recife.

Ao amigo Dr. Deoclides Lima Bezerra Júnior, com meus agradecimentos.

Que Nossa Senhora os proteja!

A Maria Santíssima
É ela a Santa
das santas.
E leva consigo
a bondade que brota
do amor.
Do amor incomparável
que nos protege
que nos guia.

Filtro da Fé
Maria Santíssima
que foi Santa
antes de ser...
E Santa permanece
no tempo
de todos os tempos.
Mãe de Jesus
e nossa Mãe que nos leva a Ele,
pelos caminhos da fé.
Da fé que filtra
o nosso amor.

MARIA DO CÉU DE ATAÍDE VASCONCELOS
Presidente da Academia Olindense de Letras.

Sumário

Prefácio 11

Apresentação 13

Maria e o Concílio Vaticano II 17

A Virgem Maria no
ano litúrgico

ADVENTO 21

NATAL 33

QUARESMA 43

PÁSCOA 53

TEMPO COMUM 65

Quando as memórias e festas se tornam solenidades 125

O Ofício da Imaculada Conceição 129

Reflexões finais 157

Referências 160

Prefácio

*Pe. Luciano José Rodrigues Brito**

No anúncio da Páscoa, proclamado na solenidade da Epifania do Senhor, escutamos que no decorrer do ano litúrgico iremos celebrar também as solenidades, festas e memórias da beata e sempre Virgem Maria. Dessa forma, somos convidados pela sagrada liturgia a louvar e bendizer aquela a quem o "Senhor fez maravilhas e que doravante todas as gerações chamarão Bem-Aventurada".

Neste livro, o autor nos apresenta, de forma clara e objetiva, como proceder para praticarmos o verdadeiro culto à Mãe de Jesus e da Igreja ao longo do ano litúrgico.

Sabemos que na Constituição Dogmática *Lumen Gentium* do Concílio Vaticano II, no capítulo VIII, vamos encontrar claramente a maneira mais adequada de como viver a fé e a devoção para com Maria, nova Eva, a mulher do Apocalipse, aquela que representa todos nós, Igreja redimida e comprometida com o anúncio e testemunho do Evangelho.

No tocante às solenidades, estas aparecem de acordo com os dogmas marianos proclamados pela Igreja, a saber: Imaculada Conceição; Maria Mãe de Deus; Anunciação do Senhor e Maria sempre Virgem; e Assunção da Virgem Maria ao céu. Nestes quatro momentos, a liturgia propõe toda manifestação da Igreja militante no sentido de prestar o devido culto à Virgem sem jamais ofuscar o Cristo vencedor do pecado e da morte. Dele, ela nos pede nas bodas de Caná: "Fazei tudo o que ele vos disser" (Jo 2,5).

O presente estudo vai apresentando de forma catequética e pastoral os desdobramentos mais exigentes que podemos aprender, a fim de estarmos cada vez mais envolvidos no amor da Mãe. Por isso, na apresen-

---

* Licenciado em Teologia Dogmática pela Universidade Pontifícia Regina *Apostolorum* de Roma. Presidente da comissão de Pastoral de Comunicação da Arquidiocese de Olinda e Recife. Diretor da Rádio Olinda. Pároco da Paróquia de Nossa Senhora de Fátima de Boa Viagem em Recife-PE. Vigário Geral da Arquidiocese de Olinda e Recife.

tação das festas e memórias, vamos refletir não apenas sobre a liturgia, mas o que toca à teologia, à Sagrada Escritura e ao Magistério. Neste terceiro ponto, devemos nos voltar para o estudo e o conhecimento dos vários documentos que a Igreja publicou e o autor faz referência, como a *Sacrossanctum Concilium, Marialis Cultus, Redemptoris Mater* etc.

Como sabemos, o Magistério é rico em nos apresentar a Virgem Maria no mistério da fé do seu Filho e nosso Redentor. Assim, é na busca do conhecimento, fonte do embasamento da nossa fé, que vamos escalando este campo tão importante para todos – a descoberta da verdadeira devoção e culto àquela que é a mais perfeita de todas as criaturas.

Rogo a você, leitor, que se regozije com este trabalho, no qual o autor, meu caríssimo irmão e amigo, Dom Bruno, partilha a sua sabedoria.

Apresentação

O presente compêndio surgiu do amor profundo deste autor por Nossa Senhora e do desejo de apresentar aos leitores a sua importância no cenário do Ano Litúrgico, intimamente ligada ao seu Filho na História da Salvação, ele que é o centro de toda celebração litúrgica.

Neste livro, a nossa intenção é refletir sobre a presença da Virgem Maria ao longo do Ano Litúrgico em cinco aspectos: bíblico, teológico, litúrgico, histórico e pastoral, pois pensamos que desse modo aprofundaremos ao máximo o mistério da Mãe, totalmente inserida no seu Filho, nosso Senhor Jesus Cristo.

O número 103 da Constituição sobre a Sagrada Liturgia do Concílio Vaticano II diz a respeito de Maria:

> Na celebração anual dos mistérios de Cristo, a santa Igreja venera com especial amor, porque *indissoluvelmente unida à obra da salvação do seu Filho*, a Bem-aventurada Virgem Maria, Mãe de Deus, em quem vê e exalta o mais excelso fruto da Redenção, em quem contempla, qual imagem puríssima, o que ela, toda ela, com alegria deseja ser.

A Igreja, portanto, deseja ser como Maria, puríssima, e este é o nosso futuro; por isso que todos os textos relacionados à Virgem Maria nas Sagradas Escrituras referem-se à Igreja e vice-versa.

Nossa obra foi, pedagogicamente, dividida da seguinte maneira:

Uma primeira parte trata de Maria refletida pelos Padres Conciliares durante o Concílio Vaticano II, pois ela está presente e é apresentada como modelo a ser seguido em vários de seus documentos.

Em seguida, passaremos a apresentar as memórias, festas e solenidades da Virgem Maria relacionadas ao Tempo Litúrgico em que acontecem. Assim, teremos:

No Tempo do Advento, a solenidade da Imaculada Conceição em 8 de dezembro, como também a festa de Nossa Senhora de Guadalupe, padroeira da América Latina no dia 12 de dezembro e, ainda, uma meditação de Maria como figura central do Advento, juntamente com São José, seu esposo, os profetas Isaías e João Batista.

Apresentaremos a Virgem Maria na Noite de Natal e na sua Oitava, fazendo uma reflexão do seu primeiro dogma definido pelo Concílio de Éfeso no ano de 325, como a *Theotókos*, ou seja, a Mãe de Deus; inclusive, é com esta solenidade que iniciamos o Ano Civil. Também meditaremos Maria presente na Epifania do Senhor e toda a reverência que os Magos prestaram a ela, que apresentou para eles o seu Filho, Salvador do mundo.

Na celebração da Quaresma, vamos apresentar a Mãe de Jesus no dia da Anunciação do Senhor, naquele grandioso momento em que o Verbo de Deus se fez carne no ventre da Virgem, cumprindo-se assim a palavra da Escritura: "Portanto, o Senhor mesmo vos dará um sinal: eis que uma virgem conceberá, e dará à luz um filho" (Is 7,14). Na cidade de Nazaré da Galileia, no lugar da Anunciação do Senhor, lemos no altar que fica dentro da casa que Nossa Senhora habitava neste dia: "*Verbum Caro, Hic, Factum Est!*" (Aqui, o Verbo se fez carne). Neste sagrado tempo, encontramos Maria unida ao Mistério Pascal de seu Filho, na Paixão e na Ressurreição.

Dentro do Tempo da Páscoa, temos a festa da Visitação da Virgem Maria à prima Isabel, em 31 de maio, como também, presidindo a manhã de Pentecostes, o nascimento da Igreja.

No Tempo Comum, iniciamos com a presença de Maria na Festa da Apresentação do Senhor, no dia 2 de fevereiro, quarenta dias após o Natal, para que se cumprisse a Lei Mosaica. Aqui ela ouviu a profecia do velho Simeão que se concretizaria no episódio da cruz.

Temos, também, a memória litúrgica do Imaculado Coração de Maria, logo no sábado seguinte à solenidade anual do Sagrado Coração de Jesus, que ocorre na sexta-feira depois da semana da solenidade de *Corpus Christi*.

Continuando, meditaremos sobre a festa litúrgica de Nossa Senhora do Carmo, em 16 de julho, e a memória da Dedicação da Basílica de Santa Maria Maior, em Roma, como a primeira Igreja construída à Virgem Mãe no mundo.

Temos no dia 15 de agosto, e aqui no Brasil, por não ser mais feriado, no domingo seguinte a este dia, a maior solenidade da Virgem Maria, a sua Assunção ao mais alto dos céus em corpo e alma, dogma este definido pelo Papa Pio XII em 1950; e oito dias depois, a memória facultativa de Nossa Senhora Rainha, no dia 22 de agosto, como um resquício da antiga oitava desta solenidade que foi abolida pelo Concílio Vaticano II. Para centralizar toda a ação litúrgica na pessoa de Cristo, a Igreja achou mais salutar conservar, apenas, duas solenidades com Oitavas: a do Natal do Senhor, que celebra a sua Encarnação, e a da Páscoa do Senhor, que comemora a sua Redenção.

No mês de setembro, ainda temos no dia 8 a festa da Natividade da Virgem Maria, ou seja, nove meses depois de sua concepção sem mácula (em 8 de dezembro). Aqui vale lembrar que a liturgia só celebra três natividades para este mundo: a de Jesus na Noite de Natal, a de São João Batista, o precursor do Senhor e o maior entre os nascidos de mulher, em 24 de junho, e Natividade da Mãe de Jesus no dia acima apresentado. Ainda, em setembro, no dia 15, logo no dia seguinte à Festa da Exaltação da Santa Cruz, celebramos a memória obrigatória de Nossa Senhora das Dores, que estava junto com o Filho ao pé da cruz, redimindo o mundo com ele, sofrendo a sua paixão incruenta.[1]

No mês de outubro, temos a memória de Nossa Senhora do Rosário, no dia 7, e a solenidade da Imaculada Conceição Aparecida, padroeira do Brasil, no dia 12. E, finalmente, no dia 21 de novembro, a Igreja celebra a Apresentação de Nossa Senhora no Templo. Assim como aconteceu com Jesus, a Mãe passou pelo mesmo caminho, pois ambos eram fiéis à Lei de Deus proposta por Moisés.

Nas três partes posteriores, apresentaremos as memórias de Nossa Senhora nos sábados, também explicaremos quando uma festa ou memória são elevadas, liturgicamente, ao grau de solenidade e, ainda, teceremos comentários sobre o Ofício da Imaculada Conceição.

Finalmente, fazemos as reflexões finais e apresentamos as referências.

---

[1] Sem derramamento de sangue.

Cremos que, com esta proposta de exaltar a atuação da Virgem Maria a partir da divisão do Ano Litúrgico, fica mais lógica e pedagógica a maneira de demonstrar a sua presença marcante e mediadora, sempre ao lado do Filho.

Partiremos, agora, para o primeiro capítulo desta obra, que é a presença de Maria no Concílio Vaticano II.

Maria e o Concílio Vaticano II

Muitos textos do Concílio Vaticano II tratam da importância da Virgem Maria e de sua função materna na Igreja. Todo o capítulo VIII da Constituição sobre a Igreja, a *Lumen Gentium* (LG), trata da Mãe de Jesus e nossa. O Concílio assegura que entre Deus e a humanidade há um só mediador, nosso Senhor Jesus Cristo, que se entregou a si mesmo para a redenção de toda a humanidade (cf. 1Tm 2,5-6). Tudo na Virgem Maria deriva dos méritos de Cristo e a sua veneração não impede de modo nenhum a relação dos fiéis com Cristo, mas, antes de tudo, a favorece.

Tendo sido escolhida pela Providência de Deus como a mãe do Salvador, torna-se a sua mais fiel cooperadora no projeto salvífico e a humilde serva do Senhor, como ela mesma proclama no *Magnificat*. Segundo Paulo VI: "Concebendo, gerando e alimentando a Cristo, apresenta-O ao Pai no Templo, padecendo com ele quando agonizava na cruz, cooperou de modo salutar, com a sua fé, esperança e ardente caridade, na obra do Salvador, para restaurar nas almas a vida sobrenatural".[1]

Mesmo depois de ser elevada aos céus em corpo e alma, Maria não abandonou a sua missão salvadora, mas continua intercedendo por todos para que cheguem à salvação. Por cuidar com amor e carinho dos cristãos, os seguidores e irmãos do seu divino Filho, recebe títulos variados como: advogada, auxiliadora, socorro e medianeira, mas, como nos ensina o Vaticano II, isso nada tira ou acrescenta à dignidade do único mediador que é Jesus Cristo.

O Concílio, também, ensina-nos que a Mãe de Deus está intimamente ligada à Igreja, da qual é figura, por estar em união perfeita com Cristo, seu Filho. Portanto, como nova Eva, agora obediente não se deixa seduzir pela antiga serpente, mas pelo próprio Deus, tornando-se verdadeira esposa do Divino Espírito Santo.

---

[1] Em Constituição Dogmática sobre a Igreja do Concílio Vaticano II, *Lumen Gentium* (LG, n. 61).

Maria, portanto, brilha como modelo das virtudes, pois nela a perfeição já é completa. Tendo entrado na intimidade da História da Salvação por gerar o Salvador, intercede constantemente pela Igreja que busca o mesmo ideal. "A Igreja olha com razão para aquela que gerou a Cristo, o qual foi concebido por ação do Espírito Santo e nasceu da Virgem precisamente para o coração dos fiéis, por meio da Igreja".[2]

Pela graça do Senhor, Maria vem logo após o seu Filho, estando acima dos anjos e homens, como Mãe santíssima de Deus; e por ter tomado parte dos Mistérios de Cristo, é venerada pela Igreja com um culto especial. Com o Concílio de Éfeso, que declarou a Virgem como Mãe de Deus (*Theotókos*), o seu culto cresceu admiravelmente na veneração e no amor, conforme nos diz São Lucas (1,48): "Todas as gerações me proclamarão bem-aventurada, porque realizou, em mim, grandes coisas Aquele que é poderoso". Assim, através da honra da Mãe, conheça-se melhor o Filho por quem tudo existe (cf. Cl 1,15-16).

Por isso, o Concílio estimula o culto litúrgico à Virgem Maria, como também os exercícios de piedade devidamente aprovados pelo Magistério[3] da Igreja. Orienta aos teólogos e pregadores que evitem o exagero, assim como a demasiada estreiteza com relação à dignidade singular da Mãe de Deus. Estimula-nos a estudar sob a orientação do Magistério, da Sagrada Escritura, dos Santos Padres e doutores, e, ainda, a partir das liturgias das outras Igrejas, ensinando aos fiéis que a única salvação vem por Jesus Cristo, mas que a verdadeira devoção para com a Virgem Maria "não consiste, apenas, numa emoção externa e passageira, mas nasce da fé, que nos faz reconhecer a grandeza da Mãe de Deus e nos incita a amar fielmente a nossa mãe e a imitar as suas virtudes".[4]

A mãe de Jesus é, portanto, sinal de esperança e de consolação para todos nós que estamos a caminho da Casa do Pai. Que dirijamos a ela as nossas preces, pois, tendo assistido ao começo da Igreja, no dia de Pentecostes, poderá socorrê-la nos momentos difíceis até a volta do seu Filho, que nos reunirá como o único Povo de Deus.

---

[2] Cf. LG, n. 65.
[3] O papa e os bispos em comunhão com a Sé de Pedro.
[4] LG, n. 67.

Encontramos nestas linhas do Concílio Vaticano II duas correntes que circulavam na época: a escola eclesiológica e a escola cristológica. A primeira trata de Maria, simplesmente, como a maior entre todos os Santos, membro eminente e inteiramente singular da Igreja. A outra olhava de modo especial para o seu papel salvífico singular na história. O Concílio uniu estas duas escolas no capítulo VIII da Constituição sobre a Igreja, *Lumen Gentium*, como vimos anteriormente. E o Papa Paulo VI, em 21 de novembro de 1964, quando promulgou o documento conciliar acima referido, proclamou em seu discurso que Maria é a Mãe da Igreja. Eis o texto:

> Para glória da Virgem e para nosso conforto, proclamamos Maria Santíssima "Mãe da Igreja", isto é, de todo o Povo de Deus, tanto dos fiéis como dos pastores, que lhe chamam de Mãe amorosíssima; e queremos que com este título suavíssimo seja a Virgem doravante honrada e invocada por todo o povo cristão.

Devemos ter estas duas escolas bem unidas em nosso coração e mente, ou seja, Nossa Senhora, cuja memória todas as gerações proclamam, como Isabel, bem-aventurada, tem um papel fundamental na obra da salvação, porque o Pai assim quis ao escolhê-la Mãe do Filho e esperado o seu sim. Além do mais, ela está presente em todos os momentos importantes e fundamentais da vida e obra de Cristo: na sua Anunciação, na Visitação à sua prima Isabel, na noite do seu Nascimento, na Adoração dos Magos, na fuga para o Egito, nas pregações de Nazaré, na Páscoa judaica (Templo), nas Bodas de Caná, na Cruz e, com certeza, na aurora da Páscoa, como somente os dois sabem. Também permaneceu em oração, suplicando a vinda do Espírito Santo, no Cenáculo, juntamente com os apóstolos e outras mulheres (cf. At 1,14). Esta é a visão da Escola Cristológica, e, conforme a corrente eclesiológica, ela é o membro mais eminente da Igreja, logo após a Santíssima Trindade, acima dos anjos e todos santos, onde, rainha, resplandece e intercede constantemente pela Igreja.

Maria está intimamente ligada à Santíssima Trindade, pois, enquanto podemos dizer que somos filhos do Pai, irmãos de Jesus Cristo e conduzidos à santidade pelo Espírito Santo, ela é a *filha* do Pai, a *mãe* do

Filho e a *esposa* do Espírito Santo. Por seu vínculo estreito e indissolúvel com Jesus, tem vantagem entre todas as outras criaturas e é verdadeiramente a mãe dos membros da Igreja de Cristo devido à sua cooperação constante ao projeto de salvação. Este papel remonta às profecias do Antigo Testamento, como, em Gênesis (3,15), a vitória da mulher sobre a serpente, e a Virgem que conceberá e dará à luz a um Filho, conforme Isaías (7,14) e Miqueias (5, 2-3).

Sua intercessão pela Igreja é constante, e essa capacidade de mediação provém dos méritos de Cristo, o único mediador entre Deus e a humanidade (cf. 1Tm 2,5). E a nossa veneração não diminui em nada as qualidades dos méritos de Cristo.

Freitas diz:

> [...], podemos afirmar que Maria é parte fundamental do credo católico, por fazer parte de maneira monumental do projeto salvífico da redenção; por ter concebido livre do pecado; por ter ascendido aos céus em corpo e alma; por ter sido a primeira a acreditar e dizer sim a Deus quando da vinda do Salvador e por ter permanecido em estado virginal após o nascimento de Jesus. A partir disto devemos considerar que Maria deve ser cultuada, não ocupando o lugar de Cristo, mas favorecendo a união dos fiéis com Ele e sendo a Boa Mãe da Igreja e de todos os cristãos.[5]

E, por que não dizer, de todos os homens e mulheres, mesmo aqueles e aquelas que ainda não conhecem profundamente a posição da Mãe de Cristo na Igreja e dentro do Mistério da Salvação? E é assim, sempre inserida no Mistério do Filho, que é a mulher do Advento.

---

[5] FREITAS, Eduardo. O capítulo VIII do documento *Lumen Gentium*. Disponível em: <http://mariologiapucrs.blogspot.com.br/2013/03/o-capitulo-viii-do-documento-lumen.html>. Acesso em: 03.10.2016.

ADVENTO

Maria é figura central do Tempo do Advento. Esse bendito tempo leva em consideração as três vindas de Cristo: que veio, vem e virá. A primeira trata de sua vinda histórica, na noite do Natal; a segunda acontece no presente, Cristo em nós através dos sacramentos, sobretudo, o da Eucaristia; na Palavra; na pessoa do pobre, dos excluídos e enfermos; a terceira vinda, nós aguardamos, acontecerá no final dos tempos, quando ele vier para julgar os vivos e os mortos.

Além da Virgem Maria, a Igreja nos apresenta mais três personagens importantes: os profetas Isaías e João Batista, assim como a presença marcante de São José. O primeiro é aquele considerado como protoevangelho, por falar de maneira tão presente e próxima do Messias no meio do povo: "Um ramo surgirá do tronco de Jessé e das suas raízes um rebento brotará! O Espírito do Senhor repousará sobre ele..." (Is 11,1-2a). Praticamente, todas as leituras da liturgia do Advento são retiradas do profeta Isaías. São João Batista, o precursor do Senhor, aparece no segundo e terceiro domingos sempre com uma mensagem marcante. Ele nos convida a preparar os caminhos do Senhor que está para chegar, exortando-nos à vigilância e à perseverança. Como no passado, os profetas prepararam a vinda do Salvador; hoje, somos convidados a dar continuidade ao projeto de Deus, preparar o seu caminho dentro de nós, vivendo o Evangelho em sua plenitude, fugindo ao pecado e abrindo-nos ao amor fraterno no perdão e na oração perseverante. São José é o homem dos sonhos; podemos dizer que é a figura dos patriarcas do Antigo Testamento. Ele não fala, mas obedece na fé após cada sonho: para receber Maria como sua esposa; na fuga para o Egito e no seu retorno para as terras de Israel, indo morar em Nazaré conforme o anjo lhe falara no sonho. Dele, aprendemos a ter uma fé profunda que não se abala quando aparecem as cruzes do cotidiano.

Segundo Lira (2017, p. 36):

> o Mistério de Maria está sempre em consonância com o do Filho. Juntamente com o profeta Isaías, João Batista e São José, Maria é uma das figuras-chave do Tempo do Advento. O canto do Glória a Deus nas alturas (hino de louvor) somente ocorre nestas duas festividades de Nossa Senhora, visto que, nos domingos do Advento, a Igreja não executa este hino para que volte a ressoar, solenemente, na Noite de

Natal, como aquele que os Anjos cantaram ao anunciarem aos pastores de Belém o nascimento do Salvador.

Estas duas festividades, citadas acima, são a solenidade da Imaculada Conceição da Virgem Maria e a festa de Nossa Senhora de Guadalupe, sobre as quais refletiremos em seguida. Portanto, como Maria e José, devemos nos dispor à obediência da fé. Tudo nas mãos do Senhor para que seja feita a sua vontade.

E foi para esta vontade que Maria se dobrou, aceitando, na fé, o anúncio do anjo e dando o seu *sim incondicional* ao projeto de Deus que começa nela. O quarto domingo do Advento sempre é o domingo da Virgem na expectativa do parto, seja meditando o Evangelho da Anunciação, seja o da visitação ou aquele do sonho de José: "... Filho de Davi, não tenhas medo de receber Maria como tua esposa, porque ela concebeu pela ação do Espírito Santo. Ela dará à luz um filho e tu lhe darás o nome de Jesus, pois ele vai salvar o seu povo dos seus pecados" (Mt 1, 20b-21). Maria é o centro. Sem o seu consentimento, o Salvador não poderia se encarnar; daí a sua centralidade no Tempo do Advento.

Maria grávida é a mensageira da esperança. Entra no mistério do Filho e com ele proclama as maravilhas do Senhor, que cumpre suas promessas em favor de todos aqueles que o amam e respeitam.

Vejamos, agora, as suas duas celebrações que acontecem neste tempo litúrgico.

1. Imaculada Conceição de Nossa Senhora

No dia 8 de dezembro, a Igreja celebra a solenidade da Imaculada Conceição da Virgem Maria, professando que a Mãe de Jesus foi concebida sem o pecado original. Para ser a mãe de Cristo, Deus escolheu uma mulher santa e pura, cheia de graça, preparada como habitação da divindade desde a sua concepção. Aliás, o dogma da Imaculada Conceição fundamenta-se na própria Sagrada Escritura, quando o anjo Gabriel se dirige a Maria: "Ave, cheia de graça, o Senhor está contigo" (Lc 1, 28b). Se está cheia de graça é porque nunca conheceu o pecado nem as suas consequências. Cheia já é a plenitude, não se encontra mais lugar para outras coisas.

A doutrina da santidade original de Nossa Senhora se firmou inicialmente no Oriente, por volta do século VI ou VII, e chegou até o Ocidente. No século XIII, já encontramos o teólogo franciscano Duns Scott defendendo a tese de que Maria havia sido concebida sem o pecado original, afirmando que ela foi redimida por Cristo como todas as criaturas, mas antes de contrair o pecado original, em previsão dos méritos do Divino Redentor, seu Filho. Portanto, segundo o teólogo acima, a Virgem foi previamente redimida pelo próprio Filho, sendo preparada para sua divina maternidade. Maria não é retirada da órbita da salvação de Cristo, apenas recebeu esta redenção antecipadamente.

Foi o Papa Pio IX que, com a bula *Ineffabilis Deus*, do dia 8 de dezembro de 1854, proclamou o dogma da Imaculada Conceição, definindo que Maria foi imune de toda mancha da culpa original desde o primeiro instante de sua concepção, em vista dos méritos de Cristo. Quatro anos mais tarde, em 1858, Nossa Senhora confirmou esta verdade ao aparecer a Santa Bernadete na cidade francesa de Lourdes, quando se apresentou como a Imaculada Conceição: "*Je suis L'Immaculée Conception*".

Mais próximo de nós, temos São João Paulo II, que afirmou ser a Virgem Maria "a primeira e a mais completa realização das promessas divinas. Sua espiritual beleza nos convida à confiança e à esperança. A Virgem toda pura e toda santa nos anima a preparar os caminhos do Senhor e a endireitar seus caminhos".[1]

Como todos os dogmas, também o da Imaculada Conceição foi uma solene proclamação da fé do Povo de Deus que sempre acreditou em Maria concebida sem pecado. Este dogma confirma o mistério central da nossa fé, de que a Virgem foi pensada por Deus como medianeira da Encarnação de Jesus e, por causa desse privilégio, previamente redimida por Cristo. Neste motivo que se baseia, posteriormente, o dogma de sua Assunção ao céu em corpo e alma, pois aquela que nunca teve pecado, e sendo a morte consequência do pecado, não se poderia ter deteriorado em uma sepultura. Por isso, com o pensamento na Imaculada Conceição, a Igreja exulta de alegria, porque aqui se encontra o exemplo das maravilhas de Deus na história, daquilo que ele pode fazer na vida de

---

[1] In mimeo.

cada fiel, como realizou em Maria, desde que nos coloquemos em uma atitude filial de obediência e amor.

Conforme Lira:

> a Santa Missa é, portanto, o centro e o ponto mais elevado de toda vida cristã. Conhecida, também, como Banquete do Senhor, Sacramento da Eucaristia, Memorial da Paixão e Morte de Jesus Cristo, Ceia do Senhor, Santo Sacrifício, Sinaxe... A redenção operada, uma vez só, por Cristo, torna-se presente e eficaz para nós hoje.[2]

É por isso que, ao refletirmos sobre cada celebração de Nossa Senhora, vamos levar em conta os textos escolhidos para a Missa do dia, visto ser a celebração Eucarística o ápice de toda comemoração litúrgica.

A liturgia da Missa deste dia começa com a seguinte antífona de entrada: "Com alegria, rejubilarei no Senhor e exultará minha alma no meu Deus; porque me revestiu com a veste da salvação e me cobriu com manto de justiça, como esposa ornada com suas joias" (Is 61,10). Esta profecia se cumpre em Maria, a verdadeira esposa de Deus, vestida com o manto da justiça e ornada com as joias das virtudes. Da mesma forma, refere-se ao mistério da Igreja, pois a maioria dos textos bíblicos aplicados a Nossa Senhora também está em relação com o mistério da Igreja, como já dissemos.

A oração do dia relaciona-se, integralmente, com a celebração. Assim diz:

> Ó Deus, que preparastes uma digna habitação para o vosso Filho,
> pela Imaculada Conceição da Virgem Maria, preservando-a de todo
> o pecado em previsão dos méritos de Cristo, concedei-nos chegar
> até vós purificados também
> de toda a culpa por sua materna intercessão.

---

[2] LIRA, Dom Bruno Carneiro. *A celebração da Santa Missa*: subsídio litúrgico pastoral. Petrópolis (RJ): Vozes, 2013. p. 13.

Portanto, é uma afirmação de que Maria foi concebida sem o pecado original, enquanto pede para que também possamos ficar livres de toda culpa pela intercessão da Mãe de Deus.

A primeira leitura (Gn 3,9-15.20) narra a entrada do pecado no mundo. Adão e Eva se deixam seduzir pela ilusão da serpente e desobedecem ao Senhor. A partir daí, Deus pôs uma inimizade entre a serpente e a mulher, assim como aos seus descendentes, e esta lhe esmagará a cabeça. Esse texto cumpre-se, plenamente, em Maria, que, qual nova Eva, é obediente ao Senhor e gera o novo Adão, seu Filho, também obediente até a morte. Portanto, pela obediência da Mãe e do Filho, a amizade entre Deus e a humanidade é readquirida. O salmo responsorial (Sl 97) canta ao Senhor um canto novo, porque fez prodígios, pois todos os confins da terra contemplaram a sua salvação que começa pelo sim de Maria.

Na segunda leitura (Ef 1,3-6.11-12), São Paulo afirma que, em Cristo, fomos escolhidos desde a criação do mundo para que sejamos santos, pois, segundo a sua vontade, fomos predestinados a ser os seus filhos adotivos. Esse destino realiza-se, plenamente, naquela que é a Mãe de Deus.

No Evangelho (Lc 1,26-38) encontramos o fundamento bíblico para entendermos o dogma da Imaculada Conceição, como já citamos. O anjo Gabriel se dirige à Virgem de Nazaré com as palavras: "Alegra-te, *cheia de graça*,[3] o Senhor está contigo" (Lc 1, 28b). Aqui, lembramos da profecia de Isaías 7,14: "Portanto, o mesmo Senhor vos dará um sinal: Eis que a virgem conceberá e dará à luz um filho, e chamará o seu nome de Emanuel". Maria indaga e o anjo explica que ela conceberá pela força do Espírito Santo e, também, que Isabel estava grávida do Precursor, porque para Deus nada é impossível. E nesse momento, em oposição à Eva, dobra-se à vontade do Senhor. "Eis aqui a serva do Senhor, faça-se em mim segundo a tua palavra" (Lc 1, 38).

A oração sobre as ofertas pede a Deus que aceite o sacrifício da nossa salvação, que está sendo oferecido na festa da Virgem Maria,

---

[3] Destaque nosso.

concebida sem o pecado original. Sendo Maria preservada de toda culpa, rogamos que também possamos ser livres de todo pecado pela constante intercessão da Mãe de Deus.

O prefácio, como texto poético que introduz a Oração Eucarística e tem a função litúrgica de colocar-nos diante do mistério celebrado, afirma que o Pai preparou para o seu Filho uma habitação que fosse digna dele pela Imaculada Conceição de Nossa Senhora, preservando-a de todo pecado e enchendo-a com toda graça. Sendo bendita entre todas as mulheres, é modelo de santidade e advogada nossa, intercedendo sempre por todos nós, seus filhos.

Depois da Comunhão, a Igreja, ainda, exorta-nos e suplica com a última oração solene da santa Missa. Esta pede que a comunhão do Corpo e Sangue de Cristo cure em nós as feridas do pecado original, do qual a Mãe de Jesus foi preservada de modo admirável.

Oração

Ó Pai santo, nós vos agradecemos por nos ter dado a Imaculada Conceição da Virgem Maria como esperança na conquista da salvação. Sabemos que a vossa graça a tornou livre de toda mancha do pecado original desde o momento da sua concepção, em previsão dos méritos de Cristo, vosso Filho e Salvador nosso. Assim, nela vislumbramos a Igreja sem mancha e santa. Por isso vos pedimos que, nos momentos de cruz e aridez, continuemos firmes na fé e na esperança, tendo a certeza de que Maria Imaculada já é a nossa porta definitiva rumo à alegria da glorificação, pois, com ela, se inicia o cumprimento das promessas feitas a Abraão, Isaac e Jacó, como também a todos os profetas, de que, da nossa natureza humana, vós nos daríeis o Salvador. É a Virgem, cheia de graça, que oferece ao vosso Filho a sua natureza humana; desse modo, ele pôde se tornar um de nós. Vinde, pois, ó Pai, em nosso auxílio e, pela intercessão da Virgem Maria, concebida sem o pecado original, dai-nos os dons da esperança e da alegria para que nossa boca sempre proclame as vossas maravilhas realizadas para com a humanidade. Por Jesus Cristo, vosso Filho, na unidade do Espírito Santo. Amém.

2. Nossa Senhora de Guadalupe

A festa de Nossa Senhora de Guadalupe, celebrada em 12 de dezembro, também inserida no Tempo do Advento, faz-nos ver, mais uma vez, a centralidade da Virgem Maria nesse precioso tempo de alegre expectativa para a vinda do Senhor. Podemos vislumbrar a presença da Mãe em cada vinda de Cristo. Quando veio na Noite do Natal, ela estava presente de maneira ativa: dando à luz, amamentando o Filho de Deus. Ao se dizer que ele vem, lembramos do hoje. Maria também está presente nessa vinda de maneira velada, pois onde está o Filho, a Mãe aparece por trás com as mesmas atitudes. E quando ele vier, no final dos tempos, Maria também aparecerá e se fará presente no julgamento final como advogada nossa.

Nossa Senhora de Guadalupe apareceu pela primeira vez ao índio asteca Juan Diego. "Na língua asteca, o nome Guadalupe significa Perfeitíssima Virgem que esmaga a deusa da pedra. Os astecas adoravam a deusa Quetzalcóatl, uma monstruosa deusa, a quem eram oferecidas vidas humanas em holocausto".[4] Nossa Senhora de Guadalupe veio, porém, para acabar com essa idolatria e mudar a vida daquele povo sofrido. No ano de 1539, mais de 8 milhões de Astecas tinham abraçado a fé católica, convertendo-se e acabando com a idolatria pagã.

O índio Juan Diego estava no campo. Ele sofria por causa da grave enfermidade do seu tio a quem muito amava. Ele rezava por seu tio, quando teve a visão de uma mulher com seu manto todo reluzente. Ela o chamou pelo nome e disse em nauátle, a língua asteca: "Juan Diego, não deixe o seu coração perturbado. Eu não estou aqui? Não temas esta enfermidade ou angústia. Eu sou sua Mãe! Você não está sob a minha proteção?".

Então, a Senhora pediu que o índio fosse revelar a sua mensagem ao bispo local: de que ela iria acabar com a serpente de pedra e que o povo do México iria parar com os holocaustos e se converter a Jesus Cristo.

---

[4] Disponível em: <http://www.cruzterrasanta.com.br/historia-de-nossa-senhora-guadalupe/45/102#c>. Acesso em: 07.11.16.

Mas o bispo não acreditou no índio e ordenou que ele pedisse um sinal à Senhora para provar a veracidade da história. Quando Juan Diego voltou para o campo, Nossa Senhora de Guadalupe apareceu novamente a ele. Este lhe contou sobre a desconfiança do bispo; isso porque Maria tinha pedido que fosse construída uma grande igreja naquele local.

Ela, sorrindo, pediu ao Santo Vidente que subisse ao monte e enchesse seu poncho de flores. Era inverno e a neve recobria os campos. Naquela época não nasciam flores naquela região do México. Juan Diego sabia disso. Porém, mesmo assim, obedeceu. Quando chegou acima do monte coberto de neve, ele achou uma grande quantidade de flores cheias de grande beleza. Apanhou muitas flores, encheu seu poncho e foi levá-las ao bispo.

Com certa dificuldade, ele foi recebido pelo bispo; tinha seu poncho dobrado cheio de rosas. Então o abriu e as flores caíram no chão. Quando o bispo viu, ainda não acreditou. E, para o espanto de todos que estavam na sala, no poncho do índio estava estampada a bela imagem de Nossa Senhora de Guadalupe, como o índio tinha revelado ao bispo. Todos na sala acreditaram, inclusive o bispo. Desse momento em diante, tudo ficou diferente.

Naquele momento, o povo mexicano comoveu-se e foi construída uma grande igreja no local indicado por Nossa Senhora, e o poncho de Juan Diego com a imagem de Nossa Senhora de Guadalupe impressa foi levado para ser venerado. Assim, Guadalupe se tornou o grande santuário do México e essa devoção se estendeu por toda a América Latina. Em 1979, São João Paulo II consagrou Nossa Senhora de Guadalupe como Padroeira da América Latina.

Foram realizados muitos estudos no poncho do índio São Juan Diego, que revelaram que tal pintura não foi feita por materiais existentes na natureza nem fabricados pelo homem. Nos olhos de Maria, dentro da íris e da pupila, vê-se a cena com que o índio abre o seu poncho na sala do bispo, com todas as pessoas presentes na sala. Há uma família de um lado, e o índio e o bispo do outro. O olho reflete uma luz como se fosse humano.

No mês de janeiro de 2001, o engenheiro peruano José Aste Tonsmman revelou o resultado de uma pesquisa que durou vinte anos, com a ajuda da NASA. Os olhos da imagem, ampliados 2.500 vezes, mostram 13 pessoas, crianças, mulheres, o bispo e o próprio índio Juan Diego no momento em que entrega o poncho ao bispo.

O estudioso Richard Kuhn, que recebeu o Prêmio Nobel de química, descobriu que a imagem não tem corante e que após 470 anos continua com seu brilho. Descobriu, ainda, que o pano de um poncho não dura mais do que vinte anos e começa a se desfazer, o que não acontece com o poncho do milagre, que já dura quase 500 anos, não existindo, na imagem, esboço ou marca de pincel.

Grandes milagres aconteceram ao longo de quinhentos anos de história da aparição de Nossa Senhora de Guadalupe. O povo sofrido do México teve a sua esperança renovada com esta visita e permanência de Nossa Senhora em suas terras. Ela, em um ato de delicadeza e inclusão social, apareceu, morena, vestida como uma índia grávida. Em sua roupa retrata-se o céu com a posição das estrelas do dia em que ela apareceu. Os astecas sabiam reconhecer estes sinais, e isso foi decisivo para que a conversão daquele povo acontecesse em massa.

Nossa Senhora de Guadalupe é celebrada em grau de festa; por isso, na sua Missa se canta o "Glória a Deus nas alturas", possuindo orações e leituras próprias. As orações evocam a sua proteção aos povos da América Latina, sempre como Mãe solícita. A primeira leitura traz o texto de Paulo (Gl 4,4-7), que trata do envio do Filho de Deus, quando se completou o tempo previsto. Ele que nasceu de uma mulher, sujeito à Lei para resgatar os que estavam sujeitos à Lei. Desse modo recebemos a filiação adotiva e o Espírito de Deus, que clama em nós: "*Abbá*, Pai". Portanto, a Virgem Maria contribuiu para esta nossa elevação a ponto de recebermos a mesma dignidade filial do Filho. O salmo 95, o mesmo que é cantado na Noite de Natal, anuncia à terra inteira que a salvação do Senhor vem e que a sua glória manifestar-se-á entre as nações. Já o Evangelho traz a cena da visita de Maria à sua prima Isabel (Lc 1,39-47).

Maria, já cheia do Espírito Santo e carregando em seu ventre o próprio Autor da vida, sobe, apressadamente, às montanhas de Judá para prestar um serviço à sua prima Isabel, que, apesar de idosa e estéril, estava para dar à luz o Precursor do Senhor. É próprio de quem tem o Espírito Santo querer servir, na humildade. Assim, concretamente, Maria se torna a pobre serva do Senhor e vai socorrer aqueles que precisam: neste caso Isabel. No passado, protegeu a São Juan Diego e seus compatriotas de então, e, agora, a cada um de nós, seus filhos latino--americanos. Isabel, ao ouvir a saudação da Mãe de Jesus, fica cheia do Espírito Santo, profetiza dizendo ser a Virgem Maria bendita entre todas as mulheres de geração a geração. Reconhece-a como a Mãe do seu Senhor. Maria responde com o início do seu *Magnificat*: "A minha alma engrandece o Senhor, e se alegrou o meu espírito em Deus, meu Salvador" (Lc 1,46-47); atribuindo, assim, toda sua grandeza ao Deus de Abraão, de Isaac e de Jacó, pois foi ele quem realizou maravilhas nela e, também, confere a nós grandes coisas, à medida que nos entregamos, com fé, à sua vontade.

Oração

Ó Virgem de Guadalupe, estamos aqui aos teus pés para implorar o teu socorro e proteção. Vivemos em um mundo secularizado onde os valores do Evangelho do teu Filho estão sendo esquecidos. Um mundo da aparência, da competição e dos hedonismos. Por isso, Mãe das Américas, a ti recorremos com fé. Não nos deixeis cair nas ilusões do mundo que dilacera os ensinamentos de nosso Senhor Jesus Cristo; vela sobre nós para que continuemos imbatíveis naquilo que acreditamos ser a Verdade. Socorre os nossos prantos, misérias e nossa acédia espiritual. Acolhe-nos, portanto, no aconchego do teu manto, aquele mesmo que acolhestes São Juan Diego e que das rosas dentro dele gravaste a tua imagem protetora para o mundo. Mostra-nos e manifesta-nos o teu Filho amado e nosso irmão, Jesus Cristo. Tu és o caminho seguro para ele. Santíssima Virgem de Guadalupe, queremos ser teus mensageiros, trabalhar contigo para a nossa conversão, de toda América Latina e de todo o mundo. Ó Pai, vós que nos destes a Mãe de Guadalupe para proteger-nos, recebe esta nossa oração por teu Filho, nosso Senhor Jesus Cristo, que vive contigo na unidade do Espírito Santo. Amém

NATAL

Maria é uma das figuras centrais do Natal, pois é ela quem traz a verdadeira Luz. Por isso, na noite Santa, grande luz sobre a terra se estende e todas as nações virão adorar o Filho que a Virgem nos trouxe. A fé de Nossa Senhora em aceitar a vontade de Deus e a sua capacidade de ser Mãe de Cristo, reconhecendo o tempo de Deus, são duas atitudes que nos servem de modelo para preparar o Natal. O arcanjo Gabriel revelou-lhe a vontade de Deus, de que ela seria a Mãe do seu Filho. Nosso olhar, portanto, fixou-se na simples jovem de Nazaré, que, com o seu SIM apresenta-nos duas atitudes que nos ajudam a preparar o Natal.

O Papa Francisco nos diz:

> Em primeiro lugar, a sua fé, a sua atitude de fé, que consiste em escutar a Palavra de Deus para se abandonar a essa Palavra com plena disponibilidade de mente e de coração. Ao responder ao Anjo, Maria disse: "Eis aqui a escrava do Senhor, faça-se em mim segundo a sua palavra" (Lc 1,38). No seu sim cheio de fé, Maria não sabe por que caminhos se deverá aventurar, que dores deverá padecer, que riscos enfrentar. Mas está consciente de que é o Senhor quem pede e ela fia-se totalmente n'ele, abandona-se ao seu amor. Esta é a fé de Maria. Outro aspecto é a capacidade da Mãe de Cristo de reconhecer o tempo de Deus. Maria é quem tornou possível a encarnação do Filho de Deus, "revelando um mistério que foi guardado em segredo desde a eternidade" (Rm 16,25). Tornou possível a encarnação do Verbo precisamente graças ao seu "sim" humilde e valente. Maria ensina-nos a compreender o momento favorável em que Jesus passa pela nossa vida e pede uma resposta rápida e generosa.[1]

Portanto, o Verbo de Deus, que encontrou morada no seio de Maria, bate também em nosso coração. Ele continua chamando-nos ao seu convívio de amor. Somos convidados a responder, como Maria, um sim pessoal e sincero, para sermos mais disponíveis para Deus. Esta postura

---

[1] Disponível em: <http://opusdei.org/pt-pt/article/duas-atitudes-de-maria-modelo-de-preparacao-para-o-natal/>. Acesso em: 08.11.16.

desconcerta o mundo de hoje, em que o homem põe no centro de sua vida outros valores, aqueles passageiros: o ter, o poder, a competição... Por isso, temos de ouvir a voz do Senhor que, com insistência, nos convida a entrar em sua vida. Ele continua enviando os seus anjos para anunciar a Boa-Nova da encarnação do seu Filho no ventre de Maria e o seu glorioso nascimento no meio de nós, assumindo totalmente a nossa pobre carne e elevando-nos às alturas.

Não vamos deixar Maria e o Senhor passarem. Eles são centrais nestes dias natalinos; trazem para nós a verdadeira paz. E o Papa Francisco, ainda adverte:

> Quando sentimos no nosso coração: "Mas eu queria ser melhor, arrependi-me disto que fiz", aqui está precisamente o Senhor que chama, que faz sentir vontade de ser melhor, vontade de permanecer mais perto dos outros, de Deus. Se tu sentes isso, detém-te. Está ali o Senhor. E vai rezar, talvez à Confissão. Limpar-te um pouco. Isso faz bem. Mas lembra-te bem, se sentes essa vontade de melhorar, é ele que chama. Não o deixes passar.[2]

É essa, caros leitores, a nossa disposição para receber o presente que Maria nos trouxe: o próprio Deus em nossa pobre carne.

1. Maria no Natal

"Enquanto estavam em Belém, completaram-se os dias para o parto, e Maria deu à luz o seu Filho primogênito" (cf. Lc 2,1-7). E o Rei do universo nasceu entre animais, excluído dentre os excluídos. Maria ofereceu todos os cuidados de Mãe, enfaixando-o e colocando-o no local onde se deposita a comida dos animais.

Portanto, na Noite de Natal cumpre-se a profecia de Isaías e Miqueias: a Virgem dá à luz!

Na véspera do Natal, antes da Missa da Noite, geralmente se cantam as calendas de janeiro: um histórico da vinda de Cristo, passando

---

[2] Ibidem.

pelo episódio do Dilúvio; a história de Abraão, o nosso pai na fé; de Moisés e da libertação do Povo de Deus do Egito; da importância da profecia de Daniel e de outros profetas; do rei Davi, do qual descende o Salvador segundo a carne; das antigas Olimpíadas gregas; da fundação da cidade de Roma; da presença do imperador César Augusto na ocupação romana de Israel; até chegar ao momento da encarnação do Filho de Deus em Maria e do seu nascimento: *"De Spiritu Sanctu conceptus, novemque post conceptionem decursis mensibus, in Bethlehem Judae nascitur, ex Maria Virgine, factus homo! Nativitas Domini Nostri Iesum Christi secundum carnem"*.[3]

Na Missa da Noite, a primeira leitura é do profeta Isaías 9,1-6, que anuncia os novos tempos messiânicos. Proclama que o povo que andava nas trevas viu uma grande luz, e para os que habitavam na sombra da morte, uma luz resplandeceu. As roupas de guerra, os trajes manchados de sangue, tudo foi queimado, porque nasceu um Menino que nos foi dado como Filho e seu nome é: Conselheiro admirável, Deus forte, Pai dos tempos futuros, Príncipe da paz. Por sua vez, Paulo, escrevendo a Tito (2,11-14), afirma que a graça de Deus se manifestou, trazendo a salvação para todos os homens. Jesus é a nossa esperança. No Evangelho de Lucas (2,1-14) temos a narrativa da cena do nascimento do Senhor e a centralidade da Virgem Maria: ela, grávida, e José estavam em Belém para o recenseamento; completou-se o tempo de dar à luz. Não encontrando lugar nas hospedarias, Jesus nasce ao relento. É acalentado pelas estrelas e pelos animais, já que Maria o colocou na manjedoura (lugar onde comiam). Ela também, com cuidado, o envolveu em panos. Os anjos cantam nos céus a glória de Deus e avisam aos pastores que vigiavam a grande notícia. Estes encontram o Menino com sua Mãe e o adoraram.

Na Missa do Dia, Maria aparece de maneira velada. A primeira leitura mostra o profeta Isaías (52,7-10) elogiando a atividade de alguém que traz uma mensagem de salvação. O mensageiro vem correndo e gritando,

---

[3] Tradução: "Nove meses após ter sido concebido pelo poder do Espírito Santo, nasce em Belém da Judeia, da Virgem Maria, feito homem. Natal de nosso Senhor Jesus Cristo segundo a carne".

enquanto atravessa as montanhas: "Teu Deus reina!". As sentinelas que estão vigiando as muralhas de Jerusalém começam a ver o mensageiro. Elas repetem, uniformemente, o grito do mensageiro e exortam às ruínas da cidade para unirem-se ao coro com gritos de júbilo, porque o Senhor resgatou o seu povo que estava sob o poder do dominador estrangeiro. A notícia da restauração de Sião vai se espalhando pelo reino inteiro e por todas as nações. A segunda leitura da Carta aos Hebreus (1,1-6) afirma que Deus se deu a conhecer por meio de seu Filho, a quem deu um corpo. Este corpo vem, totalmente, da Virgem Maria, que o gerou segundo a carne. Essa foi a maior revelação de Deus. O Evangelho de João (1,1-18) faz um resumo da encarnação do Verbo, passando pelo testemunho de João Batista, até o texto atingir o seu ápice: "E o Verbo se fez carne" (v. 14). João está descrevendo um novo começo. Se o livro do Gênesis registra a primeira criação, o primeiro versículo de João descreve a nova criação. Agora, irrompe uma nova Luz. A totalidade da missão de Jesus foi uma espécie de paradoxo entre a luz e as trevas, que culmina no Calvário e na Cruz. E Maria estava lá nessa hora em que a verdadeira Luz vence as trevas para sempre. A Luz brilha nas trevas e as trevas não tinham poder para detê-la e muito menos para vencê-la.

Oração

Ó Deus, nosso Pai, ao celebrarmos a gloriosa natividade do vosso Filho que, tendo nascido da Virgem Maria, trouxe nova luz para a humanidade, dai-nos alcançar sempre a misericórdia do Verbo para podermos testemunhá-lo onde estivermos. Que a Mãe do vosso Filho, que nos deu a verdadeira luz, seja a nossa constante intercessora, a fim de que possamos agir conforme os vossos preceitos, sem cairmos nas tentações e ilusões do mundo. Ela, que respondeu o seu sim incondicional, ajuda-nos a dar o nosso, abrindo as portas do nosso coração para Ele, a fim de que possamos ser dignos de ser chamados de cristãos. No mundo das trevas e da morte, com a vossa graça, queremos ser luz. Assim como disse Simeão no Templo de Jerusalém, ao tomar o Menino Jesus nos braços diante da Mãe: "Luz para iluminar as nações e glória de Israel o seu povo" (Lc 2,32). Isso vos pedimos, ó Pai, por Jesus Cristo, vosso Filho, que convosco vive e reina na unidade do Espírito Santo. Amém.

2. Santa Mãe de Deus

A solenidade da Santa Mãe de Deus ocorre na Oitava de Natal, 1º de janeiro. Antes da reforma litúrgica do Concílio Vaticano II, neste dia se celebrava a festa da Circuncisão do Senhor. A Igreja desejou iniciar o ano civil com a proteção da Virgem Maria, celebrando o seu dogma mais antigo, Maria como a *Theotókos*, ou seja, Mãe de Deus. Foi o Concílio de Éfeso que no ano de 431 proclamou a referida definição dogmática.

O primeiro dos quatro dogmas marianos é este, em que se invoca a maternidade divina de Maria. A controvérsia para que se pronunciasse este dogma provém do bispo Nestório, patriarca de Constantinopla, o qual ensinava, em suas homilias, que Maria era só mãe de Cristo enquanto homem, porque lhe parecia um absurdo uma criatura ser mãe do Criador. Por outro lado, São Cirilo de Alexandria defendia a tese de que não se poderia ter dois Cristos, um homem e outro Deus. E havendo um Cristo só, embora com duas naturezas inseparáveis, Maria era mãe do Cristo-homem e mãe do Cristo-Deus; portanto, a sua maternidade era tão divina quanto humana, era verdadeiramente *Theotókos*, Mãe de Deus. O Concílio deu razão a Cirilo e declarou herética a posição de Nestório, que, com humildade, se retirou da vida pública e voltou à vida que levava antes de ser bispo e patriarca: a vida monástica.

Na encíclica *Fulgens Corona*, com a qual o Papa Pio XII comemorou os cem anos do dogma da Imaculada Conceição, recorda-se que a maternidade divina de Maria constitui a mais alta missão, depois que recebeu Cristo na face da terra, e que esta missão exige a graça divina em toda a sua plenitude. Pio XII diz assim:

> Na verdade, desta sublime missão de Mãe de Deus nascem, como de uma misteriosa e limpidíssima fonte, todos os privilégios e graças que adornam, de uma forma admirável e numa abundância extraordinária, a sua alma e a sua vida. Por isso, com razão declara São Tomás de Aquino que a Bem-aventurada Virgem Maria, pelo fato de ser Mãe de Deus, recebe do bem infinito, que é Deus, uma certa dignidade infinita.[4]

---

[4] Disponível em:<http://www.franciscanos.org.br?page_id=5528>. Acesso em: 28.11.16.

Os textos para a Missa da Santa Mãe de Deus trazem como primeira leitura a Bênção de Aarão, isto também por ser o dia em que se inicia o ano civil: "O Senhor te abençoe e te guarde! O Senhor faça brilhar sobre ti a sua face e se compadeça de ti! O Senhor volte para ti o seu rosto e te dê a paz!" (Nm 6,24-26). O salmo responsorial, que tem o objetivo de responder, diretamente, a esta leitura é o Sl 66,2-3-5.6.8:

> Que Deus nos dê a sua graça e sua bênção
> e sua face resplandeça sobre nós!
> Que na terra se conheça o seu caminho
> e a sua salvação por entre os povos.
> Exulte de alegria a terra inteira,
> pois julgais o universo com justiça;
> os povos governais com retidão,
> e guiais, em toda a terra, as nações.
> Que as nações vos glorifiquem, ó Senhor,
> que todas as nações vos glorifiquem!
> Que o Senhor e nosso Deus nos abençoe,
> e o respeitem os confins de toda a terra.

Por sua vez, a segunda leitura evoca a Maternidade divina da Virgem Maria com o texto de Gl 4,4-7, em que São Paulo anuncia que, quando o tempo previsto se completou, o nosso Deus enviou o seu Filho, nascido de uma mulher e sujeito à Lei. Portanto, assumindo a natureza humana em sua integridade, com exceção do pecado. É por causa da encarnação do Filho de Deus que recebemos a adoção filial, pois foi enviado aos nossos corações o Espírito de seu Filho que nos faz chamar a Deus de Pai.

A cena do Evangelho evoca a Oitava de Natal, pois a perícope de Lucas escolhida para este dia (Lc 2,16-21) traz no versículo 21 esta alusão: "Quando se completaram os oito dias para a circuncisão do Menino, deram-lhe o nome de Jesus, como fora chamado pelo anjo antes de ser concebido". A primeira parte do Evangelho é a mesma que foi lida na

Missa da Aurora do Natal, com a continuação da narrativa da Missa da Noite, que conta o fato histórico do nascimento do nosso Redentor. Aqui os pastores, após terem recebido dos Anjos a boa notícia, vão constatá-la, ou seja, encontram Maria, José e o recém-nascido deitado na manjedoura. E não ficam com aquela alegria só para si, mas vão, apressadamente, anunciá-la. Voltam para os seus prados glorificando a Deus por tudo que tinham visto e ouvido. Maria, no entanto, guarda todos esses fatos meditando-os em seu coração. Também, uma mensagem importante do Evangelho de hoje é a discrição. A Mãe de Jesus não fazia alardes, não comentava com euforia estes grandes fatos, mas era discreta, enquanto fazia todas as leituras daquela realidade a partir de sua fé e confiança no Deus de Israel. Meditava tudo em seu coração.

Oração

Ó Virgem, Santa Mãe de Deus, estamos iniciando o novo ano civil sob a tua proteção. A ti confiamos todos os dias deste ano, pois queremos seguir o teu Filho, nosso Salvador, com a tua intercessão. Concede-nos a graça de não cairmos em tentação para que evitemos todo pecado e cilada do inimigo. Nós te proclamamos Mãe de Deus e por isso confiamos a ti a nossa vida; queremos seguir o teu exemplo de fidelidade ao projeto do Pai e dizer sempre sim à vontade dele. Sabemos que com a tua intercessão e sob o teu manto poderemos realizá-la com alegria. Na hora das depressões, vem nos animar; nos momentos de solidão, vem ficar conosco; na tristeza, sê a nossa alegria. Assim, poderemos nos assemelhar melhor ao teu Filho e proclamar, com as nossas atitudes e testemunhos, que ele é o único Redentor da humanidade e o doador de toda alegria.

Santa Mãe de Deus, roga por nós!

QUARESMA

O Tempo da Quaresma, como sabemos, é um momento propício de conversão e retomada da vida interior. Nele preparamos a maior solenidade da nossa Igreja, a Páscoa. Este tempo, já nos primórdios, destacava-se pela preparação dos adultos para a recepção do sacramento do Batismo na Vigília Pascal; portanto, fazia-se toda uma catequese batismal, sobretudo aos domingos. O novo lecionário contempla este período com as leituras do ano A da liturgia, dedicado a São Mateus, cujos temas dominicais apresentam as seguintes lições evangélicas: as tentações do Senhor e a sua Transfiguração sempre são as temáticas do primeiro e segundo domingos, como também no ano B (São Marcos) e no ano C (São Lucas). A particularidade do ano A é que, no terceiro, quarto e quinto domingos da Quaresma, os temas estão diretamente ligados ao Batismo: cena da samaritana, do cego de nascença e a ressurreição de Lázaro. Com a samaritana, aprendemos que Jesus é a verdadeira *Água* Viva que tira a nossa sede; o cego de nascença, que passou a enxergar, representa a *luz*, pois ele estava nas trevas e passou a ver; e Lázaro nos mostra que Jesus Cristo é o Senhor da vida, dando--lhe o presente da *Ressurreição*. Esses temas são retomados na liturgia da Vigília Pascal com o lucernário que a inicia (bênção do fogo novo, o Círio Pascal e as velas acesas), com a bênção da Água Batismal e a própria Ressurreição de Cristo.

A Virgem Maria participou ativamente do Mistério Pascal do Filho. Aliás, desde a encarnação, ela está dentro, de modo dinâmico, do projeto salvífico do Pai. Acompanhou o caminho da cruz até o Calvário e, também, exultou com a glória da sua Ressurreição. Parte da letra do Precônio Pascal diz assim: "Cera Virgem de abelha generosa, que ao Cristo ressurgido trouxe à luz. Eis de novo a coluna luminosa que o Povo de Deus para o céu conduz". Essa cera virginal é uma alusão clara à Mãe de Jesus que nos deu a verdadeira luz, o seu divino Filho. Sem o sim da Virgem Maria não haveria salvação. Faz-se, portanto, necessário mergulhar no Mistério Pascal de Cristo para que a redenção se concretize em nós. Se já somos batizados, o tempo da Quaresma vai nos ajudar, pela penitência e oração, a chegarmos conscientes à renovação das Promessas Batismais e da Profissão de Fé, que, também, acontecem na liturgia da Vigília Pascal.

Maria nos acompanha na caminhada quaresmal. Ela, que sempre está ao lado do seu Filho, vela por nós a fim de que permaneçamos unidos a ele. Mas que exemplos tirarmos da Mãe de Jesus para uma vivência quaresmal mais autêntica? Em primeiro lugar, o silêncio que é fundamental para escutarmos o Senhor. Silenciar não quer dizer não falar ou fechar-se para o entorno. O silêncio fecundo é aquele que lê os sinais de Deus e medita-os no coração: "Maria guardava todas estas coisas, meditando-as em seu coração" (Lc 2,19). Isso foi dito pelo evangelista Lucas no dia de Natal, quando os pastores acabaram de visitar o presépio. Dessa meditação nasce o fruto do nosso silêncio: o que devo falar? Com quem? Por quê? Quando? Nessa perspectiva ouvimos o Senhor e agimos conforme a sua vontade. Aprendemos, também, na escola de Maria, o seguimento do Filho, ou seja, em tudo fazer a vontade do Pai. Seguir o Cristo pobre e obediente é outra maneira eficaz de vivenciar o período quaresmal para, com ele e sua Mãe, chegarmos vitoriosos à noite da Páscoa. Mas não há Ressurreição sem Encarnação, é o que passaremos a refletir agora.

1. Maria na Anunciação do Senhor

Neste dia, no coração da Quaresma, a Igreja festeja, solenemente, o anúncio da Encarnação do Filho de Deus. O tema central desta grande festa é o Verbo de Deus que assume a nossa frágil natureza humana, sujeitando-se ao tempo e ao espaço. O Papa São Leão Magno, em um de seus sermões, nos diz: "A humildade foi assumida pela majestade; a fraqueza, pela força; a mortalidade, pela eternidade".

A marcação desta solenidade tem uma motivação cronológica, enfatizando o tempo de nove meses para uma gestação humana. Como o Natal de Jesus é celebrado no dia 25 de dezembro, a sua Anunciação ocorre em 25 de março. Entretanto, se este dia cair na Semana Santa, fica esta solenidade transferida para a segunda-feira depois da Oitava de Páscoa.

Aqui contemplamos, com alegria, o mistério de Deus que, na origem do mundo, cria todas as coisas pela sua Palavra, porém escolhe ser dependente da palavra de um simples ser humano, a Virgem Maria.

O Evangelho deste dia nos diz:

> No sexto mês, o anjo Gabriel foi enviado por Deus a uma cidade da Galileia, chamada Nazaré, a uma virgem e disse-lhe: "Ave cheia de graça, o Senhor é contigo [...]. Não temas, Maria, conceberás e darás à luz um filho, e lhe porás o nome de Jesus". Maria perguntou ao anjo: "Como se fará isso, pois não conheço homem?" Respondeu-lhe o anjo: "O Espírito Santo descerá sobre ti [...]". Então disse Maria: "Eis aqui a serva do Senhor. Faça-se em mim segundo a tua palavra" (cf. Lc 1,26-38).

Como vemos, a Virgem é proclamada cheia de graça. Quem está plena da graça é porque nunca pecou, sendo, portanto, imune ao pecado e preparada para ser a Mãe do Salvador desde sempre. Maria interroga o Anjo, mas dá o seu SIM, e nesse momento o Verbo se fez carne e habitou entre nós (Jo 1,14a). A segunda leitura traz o texto da carta aos Hebreus, cap. 10, cujo ápice é o versículo 7: "Então eu disse: Eis que venho, ó Deus, para fazer a tua vontade". Jesus e Maria são *obedientes* ao Pai, e esse é um dos temas centrais do Tempo da Quaresma. Já a primeira lição apresenta a profecia de Isaías: "Por isso, o próprio Senhor vos dará um sinal: uma virgem conceberá e dará à luz um filho e o chamará Deus conosco" (7,14). A oração do dia coloca-nos dentro do mistério celebrado:

Ó Deus, quisestes que vosso Verbo se fizesse homem no seio da
Virgem Maria; dai-nos participar da divindade
do nosso Redentor, que proclamamos
verdadeiro Deus e verdadeiro homem.
Por nosso Senhor Jesus Cristo, vosso Filho,
na unidade do Espírito Santo.

Maria, portanto, é fundamental nesse cumprimento da promessa do Pai, pois ela dá a natureza humana ao seu Filho Jesus Cristo.

A solenidade da Anunciação do Senhor está ligada ao mistério da Encarnação de Jesus, celebrado no Ciclo do Natal. O Evangelho, como vimos acima, é o mesmo que refletimos no Quarto Domingo do

Advento – ano B, como também na solenidade da Imaculada Conceição. Ocorrendo dentro do Ciclo da Páscoa, faz-nos lembrar que só podemos entender a encarnação do Senhor a partir da Páscoa, pois é a Ressurreição que confirma a divindade do Menino de Belém.

Maria é a figura central da cena, pois tudo depende dela. O Anjo aguarda a sua resposta, curva-se diante da humanidade. E ela não o deixa esperar por muito tempo. "Eis aqui a serva do Senhor, faça-se em mim, segundo a tua palavra" (Lc 1,38).

Oração

Deus eterno e todo-poderoso, que fizestes da Virgem Maria a vossa humilde serva, escolhendo-a para nos representar naquele momento solene da Encarnação do vosso Filho, nosso Irmão e Redentor, pois, ao dar o seu SIM, falava em nome de toda humanidade. Nesse momento, vos humilhastes ao assumir a nossa natureza humana e nós fomos elevados à glória, recebendo uma incomparável dignidade. Pedimos-vos a graça de servir aos irmãos com sincera caridade, a fim de que possamos dar o nosso sim no cotidiano e, como Maria, ficar sempre à vossa disposição de maneira humilde e dinâmica, e assim estaremos em contínuo processo de santidade. Por nosso Senhor Jesus Cristo, vosso Filho, na unidade do Espírito Santo. Amém.

2. Maria inserida no Mistério Pascal do seu Filho

Sendo o Tempo da Quaresma parte do Ciclo da Páscoa, colocamos esta reflexão já aqui neste tempo de penitência e conversão, porque não se pode separá-lo das alegrias pascais.

Maria, sem dúvida, foi testemunha da Ressurreição do seu Filho. Sua presença no cenáculo com os Apóstolos à espera do Espírito Santo é fundamental. A experiência dela como Mãe e discípula não terminou ao pé da cruz. Aliás, ali foi onde tudo começou, pois é associada plenamente à continuidade do mistério de Cristo na dimensão do Espírito que se inaugura no dia de Páscoa e tem seu ápice no episódio de Pentecostes. Portanto, Maria é a Mãe da Igreja nascente.

O rito bizantino acentua a alegria pascal de Maria em um hino que se coloca inserido na Oração Eucarística (Anáfora), logo após a epiclese.[1] Eis o texto:

O Anjo exclamou à cheia de graça:
"Virgem pura rejubila!"
De novo digo, rejubila!
Teu Filho ressuscitou do túmulo ao terceiro dia.
Resplandece, resplandece, ó Nova Jerusalém,
pois a glória do Senhor brilhou sobre ti.
Exulta, agora, e alegra-te Sião.
E tu, ó Mãe de Deus toda pura,
Rejubila na Ressurreição do teu Filho.

A última parte do hino tem como autor São João Damasceno e é cantada na Grande Vigília Pascal do rito bizantino. A Mãe de Cristo é associada à alegria da Nova Jerusalém, da Igreja que nasce da Ressurreição. "Alegra-te, cheia de graça" é a saudação do Anjo à Virgem Maria no momento da Anunciação do Senhor, e agora é lida e entendida a partir da Páscoa. Como as outras mulheres, ela se alegrou ao ver seu Filho Ressuscitado e se tornou a "apóstola dos apóstolos". A alegria desse segundo anúncio que a Virgem recebeu recorda todas as promessas do primeiro "alegra-te", como também as palavras que Jesus tantas vezes disse aos discípulos e que Maria, com toda certeza, conservava em seu coração: "Ao terceiro dia ressuscitarei". Nesse hino, portanto, encontramos a origem da antífona mariana do Ocidente, que a Igreja canta durante o Tempo Pascal: *Regina Coeli laetare, alleluia!*" (Rainha do céu, alegrai-vos, aleluia!).

No Ocidente, encontramos no rito Visigótico (antigamente realizado na região da atual Espanha) uma oração para o dia de Páscoa dedicada à Virgem Maria:

---

[1] Invocação do Espírito Santo com o gesto da imposição das mãos.

Senhor Jesus Cristo,
com que ardoroso desejo e devoção
buscava tua bem-aventurada Mãe,
por todos os rincões do teu corpo,
quando mereceu receber do Anjo o anúncio
para que não mais chorasse,
pois estavas já ressuscitado...

O Missal de Paulo VI traz muitas orações para as Missas dedicadas a Maria, que fazem menção à sua alegria pascal, inclusive há o formulário de uma Missa que se chama: "A Virgem Maria na Ressurreição do Senhor". Essa Missa canta o seguinte prefácio:

> Porque na Ressurreição de Jesus Cristo, teu Filho, encheste de alegria a Santíssima Virgem e premiaste maravilhosamente sua fé; ela havia concebido o Filho crendo e, crendo, esperou sua Ressurreição; forte na fé, contemplou o dia da Luz e da Vida, em que, dissipada a noite da morte, o mundo inteiro alegrou-se e a Igreja nascente, ao ver novamente o seu Senhor imortal, alegrou-se entusiasmada.

A alegria de Maria na Páscoa é a mesma de toda a Igreja. Sendo a Mãe dos fiéis, é a primeira discípula da Ressurreição e, com sua presença marcante na Liturgia Pascal, confirma-nos nesta crença, pois como diz São Paulo: "Vã seria a nossa fé se não fosse a Ressurreição" (1Cor 15,17). A Virgem Maria nos dá o Cristo que ressurgiu e tornou-se a nova coluna luminosa que substituiu, com perfeição, aquela primeira coluna de fogo que conduzia o Povo de Deus no deserto, quando passou do Egito para a Terra Prometida, a primeira Páscoa.

Na solenidade da Ascensão do Senhor, quarenta dias após a Ressurreição de Jesus, é o momento final da presença visível do Ressuscitado no meio de seus discípulos. São Leão Magno diz que aquilo que era visível em Cristo passou aos Sacramentos da Igreja.

A presença de Maria na Ascensão do Senhor não é narrada na Bíblia, mas a Tradição Cristã e, sobretudo, o rito bizantino recorreram aos ícones e destacaram a sua presença neste acontecimento. Nos ícones orientais, a figura real da Virgem destaca-se entre os Apóstolos, pois ela está com o manto vermelho de rainha e as mãos postas, e, numa atitude de oração, acompanha de maneira ativa a subida do seu Filho ao mais alto dos céus.

A Virgem que deu a carne ao Filho de Deus, agora, se associa à sua glória, pois contempla Jesus elevar para junto de Deus a humanidade inteira. A liturgia bizantina, com relação a este mistério, ainda se expressa através do seguinte hino:

> Era conveniente que quem, como Mãe,
> sofreu mais que ninguém a Paixão,
> fosse agraciada por contemplar
> a glorificação de teu Corpo.

Maria, portanto, passou por uma "Quaresma" de três dias à espera daquilo que ela já tinha certeza, a Ressurreição do seu Filho, e, quarenta dias depois, ver a sua própria carne ser elevada à glória do céu pela Ascensão de Jesus Cristo.

Oração

Senhor nosso Deus, que nos destes Maria por Mãe e quisestes que ela testemunhasse a Ressurreição do vosso Filho, fazei que, pela vossa intercessão, todos nós, vossos filhos, possamos ressuscitar para a vida eterna e contemplar o que agora vislumbramos pela fé. Por nosso Senhor Jesus Cristo, vosso Filho, na unidade do Espírito Santo. Amém.

PÁSCOA

Sendo este o tempo mais solene da nossa Liturgia, caracteriza-se pelo período da humanidade nova que é o corpo do Ressuscitado presente em sua Igreja. É o tempo de Maria, a Mãe de Jesus Cristo Ressuscitado, que sente a alegria pelo triunfo do seu Filho, sendo discípula entre os discípulos, aquela que foi testemunha da Ressurreição, da Ascensão e de Pentecostes.

Para suprir o silêncio dos dados encontrados nos Evangelhos sobre Maria, vamos apresentá-la inserida no Mistério Pascal de Cristo a partir das nossas vivências e experiências com o Senhor Ressuscitado.

Sabemos que os cinquenta dias que seguem ao dia de Páscoa são celebrados festivamente como se fosse um único dia de festa. Nestes dias destaca-se uma catequese mistagógica muito própria: Batismo e Eucaristia. Maria, concebida sem o pecado original, não precisou ser batizada, mas, por ser esposa perfeita do Espírito Santo, recebeu aquele batismo no Espírito de maneira plena. Já com relação à Eucaristia, a sua presença é mais marcante, pois toda a parte biológica do Filho pertence ao seu corpo puríssimo; por isso, quando recebemos o Corpo do Senhor, indiretamente nos alimentamos, também, do corpo de Maria.

O segundo domingo da Páscoa, que é a sua Oitava, traz o Evangelho de Tomé, que precisou ver para crer, e é nesse momento que Jesus diz uma bem-aventurança dirigida a nós até hoje: "Tomé, tu creste porque me viste; bem-aventurados os que não viram e creram" (Jo 20,28-29). São João Paulo II instituiu este domingo como o da Divina Misericórdia. Deste dom, Maria participou ativamente e a piedade cristã sempre a chamou de Mãe da Misericórdia.

Já o terceiro domingo (ano A) traz a terceira aparição de Jesus depois de ter ressuscitado dos mortos: nas margens do Lago de Tiberíades, Jesus providencia pão e peixe assado para os seus apóstolos que haviam pescado a noite inteira e não tinham encontrado peixes. Jesus ressuscitado manda que joguem a rede para outro lado e a abundância é grande. Assim acontece em nossa vida: às vezes se faz necessário jogar as redes para o outro lado, a fim de encontrarmos aquilo que desejamos, que é ter uma experiência profunda com Jesus Cristo Ressuscitado, a qual realmente transforme o nosso ser e passemos a viver com ele e só para ele.

Já o quarto domingo deste tempo festivo é o já consagrado Domingo do Bom Pastor. Uma antífona da Liturgia das Horas diz: "Ressuscitou o Bom Pastor que deu a vida pelas suas ovelhas e se dignou morrer pelo seu rebanho". Podemos também colocar a Virgem Maria nessa dinâmica, quando, na cena das Bodas de Caná, ela nos ensina a fazer o que ele nos disser. O Bom Pastor conhece as ovelhas pelo nome e elas lhe conhecem e o seguem.

O quinto e o sexto domingo da Páscoa, no ano A, trazem lições que foram ditas por Jesus antes do acontecimento pascal e que, agora, se entendem à luz da Páscoa: a entrega do Mandamento Novo: "Amai-vos uns aos outros como eu vos amei" (cf. Jo 15,12-17) e o ensinamento do Senhor para que estejamos sempre junto dele: "A videira é o Senhor e nós somos os seus ramos..." (Jo 15,5). Maria viveu, plenamente, estes conselhos: ama o Filho e a humanidade, seus filhos adotivos, eternamente, e sempre esteve unida a ele, pelo útero, na fuga para o Egito, na casa de Nazaré, na Missão, na Paixão e na Cruz, e, finalmente, nas alegrias da Ressurreição: *"Regina coeli laetare, alleluia!"*.

No Brasil, o sétimo domingo da Páscoa caracteriza-se pela solene celebração da Ascensão do Senhor. Neste dia, a nossa humanidade foi elevada para junto do Pai na pessoa de Jesus glorioso, cuja natureza humana foi recebida, em sua integridade, da Virgem Maria, como já mencionamos.

São com estas reflexões pascais que apresentaremos a festa da Visitação de Nossa Senhora à sua prima Isabel no dia 31 de maio e refletiremos sobre a presença da Mãe de Jesus em Pentecostes, nascimento histórico e público da nossa Igreja.

1. Visitação de Nossa Senhora

Esta festa sempre ocorre dentro do solene Tempo da Páscoa e, ainda, pode coincidir com o próprio dia de Pentecostes. Se acontecer esta coincidência, celebra-se o Pentecostes, por ser uma solenidade, e nesse ano a festa da Visitação de Nossa Senhora a Santa Isabel será suprimida.

Esta festa é celebrada no dia 31 de maio, como para coroar este mês que a tradição popular consagrou à Mãe de Deus.

É importante lembrar-se do dado escriturístico narrado por Lc 1,39-45. Estando Isabel grávida de seis meses do Precursor do Senhor, a Virgem Maria resolve partir de Nazaré para a Judeia a fim de prestar um serviço a sua prima. Maria estava plena do Espírito de Deus e, quem o tem, apressa-se em servir, em amar.

Chegando às montanhas de Judá, ela entra e cumprimenta Isabel; sua saudação faz a criança vibrar de alegria no ventre da mãe, que, cheia do Espírito Santo, exclamou: "Bendita és tu entre todas as mulheres e bendito é o fruto do teu ventre!" (Lc 1,42). E, ainda: "Bem-aventurada aquela que acreditou, porque será cumprido o que o Senhor lhe prometeu" (Lc 1,45). E a Virgem Maria prorrompe no seu *Magnificat*, hoje cantado em várias línguas no Ofício de Vésperas da Liturgia das Horas, ao cair da tarde. Vale a pena citá-lo:

A minha alma engrandece ao Senhor,
e o meu espírito se alegra em Deus, meu Salvador,
porque atentou na baixeza de sua serva;
pois eis que desde agora todas as gerações
me chamarão bem-aventurada,
porque me fez grandes coisas o Poderoso; e santo é seu nome.
E a sua misericórdia é de geração em geração sobre os que o temem.
Com o seu braço agiu valorosamente;
dissipou os soberbos no pensamento de seus corações.
Depôs dos tronos os poderosos e elevou os humildes.
Encheu de bens os famintos e despediu os ricos de mãos vazias.
Socorreu a Israel, seu servo, recordando-se da sua misericórdia;
como falou a nossos pais, para com Abraão
e a sua posteridade, para sempre
(Lc 1,46-55).

Podemos dividir o Hino de Maria, que se torna a porta-voz das grandes mulheres do Antigo Testamento, em algumas partes. A primeira, a religiosa, é que ela atribui a Deus todas as maravilhas, tudo de bom que se realiza com ela, em um profundo gesto de humildade, pois foi ele quem realizou grandes coisas em seu favor e a sua misericórdia é infinita.

A misericórdia é um dos grandes temas das Sagradas Escrituras. Deus sempre se compadece daquele que se arrepende e reata a sua aliança. Jesus nos ensinou, nas bem-aventuranças, que os misericordiosos alcançarão misericórdia e que prefere esta em vez dos sacrifícios.

Depois o hino passa para uma parte mais social e política: o Senhor dissipou os soberbos de coração, depôs do trono os poderosos e elevou os humildes; encheu de bens os famintos, despedindo os ricos sem nada; sempre recordando da sua misericórdia da promessa feita a Abraão e sua descendência. Esse hino é lido como perícope do Evangelho deste dia, que é precedido pela leitura do profeta Sofonias, a qual mostra a presença do Senhor em Jerusalém. Ele é o Salvador e, por isso, todos devem exultar de louvores (cf. Sf 3,14-18). Essa presença do Senhor já está de maneira velada no ventre de Maria, que lá chegou às pressas para servir. Sabemos que a rapidez é própria de quem ama, daquele que tem o Senhor no coração e procura viver segundo os seus preceitos. O salmo responsorial é o de número 12, que canta a grandiosidade do Senhor de Israel presente no meio de todos. Vejamos:

Eis o Deus, meu Salvador, eu confio e nada temo;
o Senhor é minha força, meu louvor e salvação.
Com alegria bebereis do manancial da salvação.
E direis naquele dia: "Dai louvores ao Senhor,
invocai seu santo nome, anunciai suas maravilhas,
dentre os povos proclamai que o seu nome é o mais sublime.
Louvai cantando ao nosso Deus, que fez prodígios e portentos.
Publicai em toda terra suas grandes maravilhas!
Exultai cantando alegres, habitantes de Sião,
porque é grande em vosso meio o Deus Santo de Israel!"

Este salmo de louvor mostra a presença real de Deus no meio do seu povo, a começar por Jerusalém, a cidade do grande Rei. Foi para lá, nas proximidades do santo monte de Sião, que Maria subiu carregando o Salvador do mundo. Por isso, o último verso canta a grandeza do Deus santo de Israel que está em nosso meio. Os louvores e o anúncio das maravilhas que ele fez também são cantados por Maria.

O encontro da Mãe do Senhor com Isabel nos mostra como deverá ser um encontro de verdadeiro amor entre duas pessoas. Por um lado, vemos Maria, que vai ao encontro de Isabel assim que sabe da sua situação, vai para servir, fazer com que seu amor se transforme em gesto concreto. Quando encontra Isabel, a saúda, pois valoriza aquele momento de troca, como também a pessoa com quem se encontra. Por outro lado, vemos Isabel que, ao ver a sua prima, exalta imediatamente todos os seus valores como mãe do seu Senhor, assim como as suas virtudes: "Bendita és tu entre as mulheres e bendito é o fruto do teu ventre" (Lc 1,42). E este encontro termina com o cântico de exaltação ao amor de Deus, como vimos anteriormente.

O mesmo acontece entre Moisés e Jesus na montanha: o primeiro para dar a Lei de Deus; o segundo faz um sermão que se inicia com as bem-aventuranças, que proclamam todas as "receitas" para se adquirir as felicidades eternas. Aqui, as duas mães, também na montanha, representam o Antigo e o Novo Testamento. Isabel nos oferece o precursor do Senhor, o último profeta da antiga lei e o primeiro da nova. Ele é a voz que sempre precede a fala, a palavra. Sem voz não podemos pronunciar nada, por isso João Batista é o precursor do Senhor, a voz que clama no deserto. Ele prepara um caminho perfeito para a exuberância da Palavra que é o próprio Deus na pessoa de nosso Senhor Jesus Cristo: "E o Verbo se fez carne e habitou entre nós e vimos a sua glória como a glória do Unigênito do Pai, cheio de *graça* e *verdade*" (Jo 1,14).[1]

Assim, a Igreja celebra festivamente este dia que abre para nós o tempo da graça e da verdade, pois, como o próprio evangelista João nos diz, a Lei veio por Moisés, mas a graça e a verdade vieram por Jesus Cristo (cf. Jo 1,17). E nós devemos ser homens e mulheres que sempre

---

[1] Destaques nossos, com a finalidade de ênfase.

fazem opção pela verdade para estarmos cheios de graça. Só deste modo poderemos ter a nova humanidade do amor pela qual a Palavra deu sua própria vida.

Oração

Ó Deus, nosso Pai, que cumpris as promessas feitas aos nossos primeiros pais na fé: Abraão, Isaac e Jacó, com o nascimento do vosso Filho, a vossa Palavra eterna, anunciada por João, a voz que clama no deserto; fazei que pela intercessão de ambas as mães, Isabel e a Virgem Maria, possamos cantar as vossas misericórdias e com elas entoar o perfeito louvor através de uma vida santa, em que o serviço ao próximo seja o nosso ideal, pois o vosso Filho e a vossa Mãe vieram para vos obedecer e ser vossos servos: "Pai, seja feita a tua vontade" (Lc 22,42). "Eis aqui a serva do Senhor, faça-se em mim segundo a tua palavra" (Lc 1,38). Assim seja!

2. Maria em Pentecostes

"Todos eles tinham os mesmos sentimentos e eram assíduos na oração, junto com algumas mulheres, entre as quais Maria, a Mãe de Jesus, e com os irmãos de Jesus" (At 1,12-14).

Um canto popular da Missa do Domingo de Pentecostes nos diz:

Perseveravam todos unidos em oração
os apóstolos com Maria e os irmãos.
Chegando o dia de Pentecostes, veio um clarão
e de repente o Santo Espírito os animou![2]

Vemos no texto bíblico e no canto a centralidade da figura da Mãe de Jesus no acontecimento solene e histórico de Pentecostes, cinquenta dias depois da Páscoa, como um dom do Cristo Ressuscitado. Portanto,

---

[2]   Versão e melodia de Reginaldo Veloso.

a Igreja nasce com a presidência da Mãe da Igreja, aquela que nos encaminha a Jesus Cristo: "Fazei tudo o que ele vos disser" (Jo 2,5).

A presença de Maria, e de outras mulheres, na formação das primeiras comunidades e no discipulado, torna a Mãe de Jesus uma verdadeira discípula do próprio Filho, dando-nos o exemplo de como sermos discípulos e missionários de Jesus, pastores e ovelhas, como Maria.

E o que é sermos discípulos e missionários, hoje, a partir da experiência de Pentecostes?

O próprio vocábulo "discípulo" lembra-nos do verbo *escutar*: uma atitude fundamental daquele que é humilde e procura verdadeiramente a Deus. No nosso dia a dia, os dois modos de convivência com o Senhor ocorrem simultaneamente. Por exemplo, quando estamos participando da Missa, somos discípulos, estamos escutando o Senhor que nos fala através da Liturgia (palavra proclamada, sinais, homilia...). Este é o grande momento de fortalecimento da fé para as batalhas contra o mal e toda espécie de tentações. O sacrifício do Senhor, renovado em cada Santa Missa, cura-nos e nos abastece para a missão. Ao sairmos da Missa, tornamo-nos missionários em todos os lugares por onde estejamos, seja no seio da família, no trabalho, na comunidade de fé, no lazer. O importante é termos palavras de sabedoria para dizer algo que encante e que apresente o Senhor Jesus de forma amorosa, a fim de que se conquistem novos discípulos. Mas não esqueçamos: maior do que a força da palavra é o nosso testemunho de vida, que vai convencer, nossa maneira humilde e sábia de ser e agir. É nesse sentido que o Espírito Santo, vindo em Pentecostes, poderá socorrer a nossa fraqueza, porque, como diz São Paulo, não sabemos o que pedir, é o Espírito que reza em nós (cf. Rm 8,26). Ele, também, lembra-nos de tudo o que Jesus fez e disse a fim de manter a nossa fé e fidelidade na transmissão do Mistério. É desse modo que somos discípulos e missionários até a volta do Senhor.

Confiemos à Mãe da Igreja esta graça, pois ela, já plena do Espírito Santo desde a sua concepção, foi também sua esposa ao conceber nosso Senhor Jesus Cristo e o recebeu, ainda, no dia de Pentecostes, ao presidir a Igreja que nascia para o mundo.

Portanto, o derramamento do Espírito Santo em Pentecostes está intimamente relacionado com a Virgem Maria, a Mãe do Senhor.

Maria está inserida no seio da comunidade apostólica, pois, no momento da descida do Espírito Santo, ela está no meio deles. Ensina-nos a identidade de Jesus da infância até o dia do nascimento da Igreja para o mundo. Jesus, não poderia ser concebido pela Igreja como plenamente humano se faltasse o testemunho de uma Mãe que o gerou e o educou. Na visão da Igreja, Maria faz parte da vida de Jesus, mesmo sendo uma testemunha discreta e silenciosa: "Guardava tudo em seu coração" (Lc 2,19). Há algo que nem os apóstolos nem os discípulos, tampouco as mulheres suas seguidoras, poderiam testemunhar, a não ser Maria, que entregou à Igreja tal testemunho: a sua humanidade e divindade.

A efusão do Espírito tem impressionantes semelhanças com o mistério da Anunciação. É a mesma força que desce do alto, a mesma que cobriu Maria com sua sombra e, agora, enche o coração dos apóstolos. Os lábios de Maria na Visitação a Isabel, como vimos no bloco anterior, abriram-se para cantar o *Magnificat*, e no Pentecostes os apóstolos anunciaram as obras do Senhor a todos os homens que entendiam tais maravilhas em suas próprias línguas e dialetos. Na primeira cena, é o Mistério do Cristo que se encarna; aqui é o Mistério da Igreja que nasce. Maria, então, é aquela que está presente de maneira singular nestes acontecimentos que seguem uma continuidade, sem rupturas: da Encarnação do Verbo ao nascimento da Igreja, ambos acontecimentos dão-se pela efusão do Espírito Santo.

Como dito, em obediência a Jesus Cristo, na festa de Pentecostes os apóstolos e discípulos estavam reunidos em oração com a Virgem Maria no cenáculo em Jerusalém, à espera do Espírito Divino. Cinquenta dias depois da sua gloriosa ressurreição, ele enviou o dom da Páscoa, a Terceira Pessoa da Santíssima Trindade. É no Espírito que encontramos força para testemunhar e crescer na vida de santidade. Neste acontecimento se cumpriu a profecia de Joel, narrada nos Atos dos Apóstolos: "Sobre os meus servos e sobre as minhas servas derramarei, naqueles dias, do meu Espírito e profetizarão" (At 2,18). No Pentecostes, muitos receberam o Espírito do Senhor e começaram a falar em línguas e a profetizar. Pessoas como Pedro e outros receberam o dom da pregação e começaram a anunciar a Boa-Nova de Jesus, que está vivo à direita do Pai. O Senhor suscitou homens e mulheres cheios do Espírito, que começaram logo o anúncio da Palavra de Deus: Jesus Cristo vivo e ressuscitado, objeto que constitui o *Querigma*, que quer dizer o primeiro *anúncio*.

O Senhor, portanto, fundou a sua Igreja sobre o alicerce dos Apóstolos, que, juntamente com outros discípulos, entre eles a Virgem Maria, estavam reunidos em oração. É nesse contexto de comunhão de vida e de oração que as manifestações do Espírito começam a acontecer na Igreja. A Mãe de Jesus e todos estes homens e mulheres presentes no dia de Pentecostes são as servas e servos que o Pai convocou. Batizados no Espírito, profetizarão, realizarão milagres e prodígios (cf. At 2,18-19). Porém, os servos e as servas do Senhor dos dias de hoje, que somos nós, não podem perder a sua essência de anunciadores de Jesus Cristo pelo poder do Espírito Santo.

A Igreja é uma comunhão de pessoas chamadas uma a uma pelo Espírito Santo; cada membro com sua singularidade, vocação e missão, mas participando da mesma unidade como imagem da Santíssima Trindade, modelo de verdadeira comunidade. Maria ocupa, assim, um lugar especial na Igreja, pela sua missão, carisma, solidariedade, unidade e comunhão com os demais membros. Ela é parte da Igreja discípula e apóstola, que pela sua divina maternidade teve a função de congregar a todos na comunhão, na oração perseverante à espera do Paráclito.

O acolhimento da Mãe do Senhor pela fé e pela razão nos faz dóceis ao Espírito Santo. Unamo-nos, portanto, em oração, pedindo à Virgem Maria um novo Pentecostes. Confiemo-nos a ela, para que como ela sejamos cheios do Espírito.

Oração

Ó Deus, nosso Pai, vela sobre o vosso povo, a quem deste a graça de ser a morada do Divino Espírito Santo, para que, pela intercessão constante da Virgem Maria, possa ter um coração humilde como o dela e se deixe conduzir pelos impulsos do Espírito na prática do bem, pois não basta falar em línguas, profetizar, realizar milagres e prodígios, sem fazer a vossa vontade. É esta vontade que queremos que se realize em nós. Fazei que, seguindo o exemplo da humilde Serva do Senhor, possamos anunciar Jesus Cristo vivo e ressuscitado, acendendo nos corações o Fogo do vosso Amor, na esperança da felicidade definitiva. Por nosso Senhor Jesus Cristo, vosso Filho, que vive convosco na unidade do Espírito Santo. Amém.

TEMPO COMUM

O Tempo Comum, tradução para o Brasil de Tempo *Per Annum*, ou seja, durante o ano, é aquele que se intercala entre a celebração dos dois grandes Mistérios da vida de Jesus Cristo: sua encarnação, celebrada no Ciclo do Natal, e sua Redenção, celebrada no Ciclo da Páscoa. Este tempo possui 34 semanas, sendo que o Primeiro Domingo, quando a solenidade da Epifania do Senhor, aqui no Brasil, não cai nos dias 7 ou 8 de janeiro, cede seu lugar à festa do Batismo do Senhor. E o Trigésimo Quarto Domingo é sempre a solenidade de nosso Senhor Jesus Cristo, Rei do Universo.

Neste tempo se celebra o cotidiano da Igreja, ou seja, a ressonância espiritual vivida nos tempos fortes de Natal e Páscoa. As celebrações da Virgem Maria, sejam em graus de memórias, festas ou solenidades, aparecem, frequentemente, ao longo desse tempo, sempre com um tom especial em relação à temática que, por sua vez, influencia na escolha das leituras e cantos.

Nesta seção apresentaremos a festa da Apresentação do Senhor, a qual Maria está profundamente inserida; a memória do Imaculado Coração de Maria; a festa de Nossa Senhora do Carmo; a memória da Dedicação da Basílica de Santa Maria Maior; a solenidade da Assunção de Nossa Senhora; a memória facultativa de Nossa Senhora Rainha; a festa da Natividade de Nossa Senhora; a memória de Nossa Senhora das Dores e de Nossa Senhora do Rosário; a solenidade de Nossa Senhora Aparecida, padroeira do Brasil; a memória da Apresentação de Nossa Senhora.

Faremos, também, uma reflexão das memórias de Nossa Senhora aos sábados, quando não são nos tempos fortes ou dias de celebrações obrigatórias. Nos capítulos seguintes, veremos a diferenciação entre memória, festa e solenidade, e, ainda, traremos uma meditação do Ofício da Imaculada Conceição, que, por tradição, é sempre cantado nas madrugadas dos sábados e nos novenários que preparam as solenidades nas Paróquias e Dioceses que têm a Mãe de Jesus como padroeira. Neste bloco do Tempo Comum, decidimos, logo após a indicação do mistério celebrado da Virgem Maria, já colocarmos a data litúrgica atual, pois, assim, a obra torna-se mais pedagógica e prática.

1. Maria na Apresentação do Senhor

2 de fevereiro

O mês de fevereiro começa com a festa da Apresentação do Senhor no Templo, que, mesmo estando fora do ciclo natalino, liga-se teológica e cronologicamente às primeiras manifestações de Jesus em nossa carne. Isso porque a Liturgia deseja privilegiar a normatização da Lei Mosaica, que obriga os primogênitos do sexo masculino a serem apresentados no Templo, oferecendo-se um sacrifício de resgate por conta daquela noite da última praga do Egito, com a matança dos primogênitos.

Por isso a festa da Apresentação do Senhor é celebrada no dia 2 de fevereiro, ou seja, quarenta dias após o nascimento de Jesus na Noite de Natal. Na lei de Moisés, quando uma mulher tinha filho, ela era considerada impura por sete dias. No oitavo dia, o menino era circuncidado e a mulher continuava impura por mais trinta e três dias, quando se completavam os quarenta para a purificação da mãe. Depois desse tempo de purificação, acontecia, então, a apresentação da criança. A mulher ia até a entrada do Templo e entregava ao sacerdote um cordeiro de um ano para um holocausto e um pombinho e uma rola como oferta pelo pecado. Se não tivesse recursos para oferecer o cordeiro, podia levar duas rolinhas ou dois pombinhos. O sacerdote apresentava a oferta perante o Senhor para conseguir o perdão dos pecados dela, e ela, então, passava a ser considerada limpa (cf. Lv 12).

Segundo o livro do Êxodo, quando Deus libertou o povo de Israel do Egito, ele fez acontecer dez pragas. A décima praga foi a morte de todos os primogênitos dos animais e dos homens (Ex 11). Por causa disso, a lei de Moisés determinou que todos os primogênitos dos animais e dos humanos fossem consagrados ao Senhor. Os primogênitos dos animais deveriam ser sacrificados. Os primeiros filhos humanos deveriam ser resgatados. O pai do primeiro filho teria que pagar por eles um determinado preço. Podemos ver, com maior profundidade, esta instituição da Lei Mosaica nos seguintes textos: Ex 13,11-15; 34,19-20; Nm 18,15-18; Lv 27,26-27.

Jesus, que nascera debaixo da lei, foi levado a Jerusalém, cumprindo as suas determinações prescritivas. "E, completando-se os dias da purificação da mãe, segundo a lei de Moisés, seus pais o levaram a Jerusalém, para o apresentarem ao Senhor, conforme está escrito na Lei – todo macho primogênito será consagrado ao Senhor – e deram a oferta segundo o disposto na lei do Senhor – um par de rolas ou dois pombinhos" (Lc 2,22-24).

Como diz São Paulo aos Gálatas 4,4: "Quando chegou à plenitude dos tempos, Deus enviou o seu filho nascido de uma mulher e sob a Lei". Portanto, Jesus se submeteu à Lei Mosaica. E ele mesmo diz que veio cumprir toda a Lei: de Moisés aos Profetas (cf. Mt 5,17).

A apresentação de Jesus no Templo não é só um mistério gozoso, mas, de certo modo, também doloroso. Maria apresenta a Deus o seu filho Jesus, oferece-o a ele. Como sabemos, toda oferta consiste numa renúncia. Começa, assim, o mistério de seu sofrimento, que atingirá o cume aos pés da cruz. A cruz é a espada que transpassará a sua alma. Todo primogênito judeu era o sinal permanente e o memorial cotidiano da libertação da grande escravidão, pois os primogênitos dos hebreus haviam sido poupados. Jesus, o Primogênito por excelência, não será poupado, mas com o seu sangue trará a nova e definitiva libertação. O gesto da Mãe de Jesus, que oferece, traduz-se em gesto litúrgico em cada Eucaristia, pois na Missa, sempre, oferecemos o Divino Redentor ao Pai, pelo perdão dos nossos pecados.

Neste dia, a santa Missa é precedida de um lucernário (procissão com velas), pois Jesus é a verdadeira luz que entra em seu Templo e nós, batizados e inseridos em sua Morte e Ressurreição, somos, também, luz a iluminar a nós e aos outros.

A exortação inicial, feita pelo celebrante, coloca-nos bem dentro do Mistério celebrado e diz o seguinte:

Irmãos e irmãs, há quarenta dias celebrávamos
com alegria o Natal do Senhor.
E hoje chegou o dia em que Jesus é apresentado
ao Templo por Maria e José.
Conformava-se assim à Lei do Antigo Testamento, mas na realidade
vinha ao encontro do seu povo fiel.

Impulsionados pelo Espírito Santo, o velho Simeão e a profetisa Ana foram também ao Templo. Iluminados pelo mesmo Espírito, reconheceram o seu Senhor naquela criança e o anunciaram com júbilo. Também nós, reunidos pelo Espírito Santo, vamos nos dirigir à casa de Deus, ao encontro de Cristo. Nós o encontraremos e reconheceremos na fração do pão, enquanto esperamos a sua vinda gloriosa.

Então, procede-se à bênção das velas e a procissão dirige-se para a Igreja cantando o canto de Simeão, em latim, *Nunc Dimittis*: "Agora, soberano Senhor, podeis deixar o vosso servo partir em paz, porque meus olhos viram a tua salvação; luz para iluminar as nações e glória de Israel o seu povo" (Lc 2,29-32).

Por conta do lucernário e pela presença marcante de Nossa Senhora na cena da Apresentação do Senhor no Templo, este dia já foi chamado de Festa de Nossa Senhora das Candeias, nome que vem de "candela, candeeiro, candelabro", que sempre lembra *luz*. Com a reforma litúrgica do Concílio Vaticano II, passou a ser uma festa do Senhor com o nome de: *Festa da Apresentação do Senhor*, e não mais uma celebração mariana; se bem que, na homilia, o sacerdote poderá mostrar a participação ativa da Virgem Maria na obra da salvação, como também a sua obediência, a de José e de Jesus em se submeterem à Lei de Deus.

A primeira leitura da Missa nos apresenta um texto da profecia de Malaquias, que garante a presença de um Anjo da Aliança que virá; ele purificará os filhos de Levi, os sacerdotes da antiga Aliança, e as oblações de Judá e Jerusalém passarão a ser aceitas (cf. Ml 3,1-4). Vemos, claramente, que este Anjo é o Messias, o qual entrará no Templo como a verdadeira e única oferta da nova aliança. Essa profecia vê-se cumprida no dia da Apresentação do Senhor. O salmo 23 canta a glória do Rei que chega vitorioso: "Ó portas, levantai vossos frontões! Elevai-vos bem mais alto antigas portas, a fim de que o Rei da glória possa entrar... O Rei da glória é o Senhor onipotente, o Rei da glória é o Senhor Deus do universo" (Sl 23,7.10b). A segunda leitura, retirada da carta aos Hebreus 2,14-18, enaltece o sacerdócio de Cristo que se oferece para expiar os pecados do povo, pois, tendo ele próprio sofrido ao ser tentado, é capaz de socorrer os que agora sofrem a tentação. A cena do Evangelho de Lucas 2,22-40 apresenta-nos os personagens centrais para a História da Salvação: Jesus, Maria e José, ao lado do antigo Israel que esperava as promessas do Pai, representado por Simeão e Ana. Para cumprir a Lei Mosaica, os pais de Jesus o apresentam no Templo e oferecem em resgate a oferta dos pobres: um par de rolas e dois pombinhos. É nesse momento que o velho Simeão, movido pelo Espírito Santo, toma o Menino nos braços e bendiz a Deus, cantando com entusiasmo o *Nunc Dimittis*, como já apresentamos anteriormente. Ele os abençoou e disse que uma espada de dor transpassaria a alma da Mãe; profecia esta que se cumpriu aos pés da cruz, quando Jesus se oferecia ao Pai por todos nós, constituindo--se como sacerdote e vítima. Também a viúva, profetisa Ana, que com idade avançada servia ao Templo noite dia, louva e bendiz a Deus por tudo que via e ouvia. Interessante que, aqui, os jovens Maria e José não falam, só obedecem a Lei do Senhor e escutam a voz da experiência dos idosos: Simeão e Ana.

Deus está, constantemente, vindo ao nosso encontro. Precisamos, portanto, abrir-nos à sua presença, a fim de que possamos contemplá-lo. Simeão e Ana, por estarem abertos à ação do Espírito Santo, puderam ver com os próprios olhos a salvação de Deus. Esta experiência de Deus, nós a anunciamos, na fé, para todos que convivem conosco, a fim de que a comunhão com a Santíssima Trindade e entre nós se concretize através da nossa palavra boa e testemunho de cristãos. Assim, também, estaremos conservando aquela *luz* que recebemos no nosso Batismo e iluminando os que estão perto e longe. "Luz para iluminar as nações e glória de Israel, seu povo!" (Lc 2,32).

Oração

Deus eterno e todo-poderoso, verdadeira luz que não se extingue, neste dia em que celebramos a Apresentação do teu Filho único no Templo de Jerusalém, submetendo-o à Lei para se assemelhar em tudo a nós, pobres criaturas humanas, nós vos pedimos a graça de sermos vossos verdadeiros templos e que possamos conservar acesa aquela luz que recebemos no nosso Batismo. Essa luz é a fé que temos na redenção que ele nos trouxe, a qual tem a Virgem Maria como participante ativa e sempre presente em todo projeto salvífico que brota do vosso coração. Do nascimento do vosso Filho até o episódio da cruz, ela esteve presente como mãe solícita e, ali no Gólgota, cumpriu-se nela a palavra profética do velho Simeão: "Uma espada de dor transpassará a tua alma" (Lc 2,35). Fazei-nos, portanto, aceitar, com resignação, a cruz que nos transpassa a alma, pois sabemos que, aceitando-a, estamos seguindo na plenitude o caminho traçado por teu Filho, ele que é Deus convosco na unidade do Espírito Santo. Amém.

2. Bem-aventurada Virgem Maria, Mãe da Igreja

A memória da bem-aventurada Virgem Maria, Mãe da Igreja, foi introduzida no calendário litúrgico pelo Papa Francisco com o Decreto da Sagrada Congregação para o Culto Divino e Disciplina dos Sacramentos de 11 de fevereiro de 2018, que assim se exprime: "O Sumo Pontífice Francisco, considerando atentamente quanto a promoção desta devoção possa favorecer o crescimento do sentido materno da Igreja nos Pastores, nos religiosos e nos fiéis, como também da genuína piedade mariana, estabeleceu que esta memória da bem-aventurada Virgem Maria, Mãe da Igreja, seja inserida no Calendário Romano na Segunda-feira depois de Pentecostes, e que seja celebrada todos os anos". Como vemos, esta salutar celebração marca, agora, a retomada do Tempo Comum, logo após a conclusão do Ciclo da Páscoa e tem por base, como acentua o próprio decreto, exaltar Maria como figura de mulher (cf. Gl 4,4), Mãe de Cristo e, consequentemente, Mãe da Igreja. Santo Agostinho diz que Maria é a mãe dos membros de Cristo porque cooperou, com a sua caridade, ao renascimento dos fiéis na Igreja, como também, São Leão Magno que ensina ser Maria a mãe da Cabeça, sendo esta sempre unida ao corpo místico de Cristo que é a Igreja, pois pela maternidade divina, ela está intimamente unida à obra do Redentor.

A escolha da data litúrgica para a referida celebração privilegia o acontecimento de Pentecostes celebrado no dia anterior, concluindo o Tempo Pascal, pois, como nos afirmam os Atos dos apóstolos, Maria estava presente no Cenáculo rezando com os discípulos na expectativa da vinda do Espírito Santo, presidindo oficialmente o nascimento da Igreja para o mundo como Mãe dos discípulos, dos crentes, de todos aqueles que renascem em Cristo e, também, como Mãe da Igreja, como já se expressou Bento XIV e Leão XIII (cf. Decreto de 11.02.18). São Paulo VI já havia, em 21 de novembro de 1964 (data da atual memória da Apresentação da Virgem Maria), por ocasião do encerramento da terceira sessão do Concílio Vaticano II, declarado que a bem-aventurada Virgem Maria é Mãe da Igreja. O Decreto da Sagrada Congregação para o Culto Divino e Disciplina dos Sacramentos ainda informa que esta memória ajudará a lembrar que a vida cristã, para crescer, deverá está ancorada no mistério da Cruz de Cristo, como, também, da Virgem oferente, Mãe do Redentor e dos redimidos; estabelecendo que esta celebração apareça-cesse em todos os Livros Litúrgicos para a celebração da Santa Missa e da Liturgia das Horas.

Os textos bíblicos e litúrgicos foram organizados da seguinte maneira: as Orações e Prefácio são tomados da Missa de Nossa Senhora, Mãe da Igreja (Missal Romano). Para a Liturgia da Palavra temos como Primeira Leitura: Gn 3,9-15.20 ou At 1,12-14. O salmo responsorial é o 86(87),1-3; 5-7; já o Evangelho é o de Jo 19,25-27; todos os textos retirados do Lecionário para as Missas de Nossa Senhora.

A primeira proposta para leitura, do livro do Gênesis, traz a reflexão sobre o pecado original, ou seja, o homem desobedeceu a Deus seduzido por Eva que se tornou a mãe de todos os viventes. Maria é a nova Eva obediente: "Faça-se em mim segundo a tua palavra" (Lc 1,38). A opção do livro dos Atos dos Apóstolos mostra Maria, a Mãe de Jesus em oração no Cenáculo de Jerusalém, juntamente com os Apóstolos: Pedro e Tiago; João e André; Filipe e Tomé; Bartolomeu e Mateus; Tiago, filho de Alfeu; Simão, o Zelote e Judas, irmão de Tiago; com algumas mulheres. Todos, presididos por Maria, receberam o Espírito Santo e tiveram forças para propagar a Igreja de Jesus Cristo. O Salmo Responsorial louva os tabernáculos do Senhor através da alma contrita e desejosa pelos átrios de Deus que é um ninho para os seus filhos. Bem-aventurado o homem cuja força está no Senhor. A cena do Evangelho nos faz refletir os últimos momentos históricos de Jesus na cruz. E Maria estava lá, pois do lado morto de Cristo nasceu a Igreja, assim como do lado de Adão foi retirada Eva. Maria, a nova Eva, recebe do filho crucificado a missão de ser Mãe da Igreja, representada ali pelo apóstolo São João. Vejamos o texto:

> Junto à cruz de Jesus estavam de pé sua mãe, a irmã de sua mãe, Maria, mulher de Cleófas e Maria Madalena. Quando Jesus viu sua mãe e perto dela o discípulo que amava, disse à sua mãe; Mulher, eis aí o teu filho. Depois disse ao discípulo: Eis aí tua mãe. E dessa hora em diante o discípulo a levou para a sua casa. Em seguida, sabendo Jesus que tudo estava consumado, para se cumprir plenamente a Escritura, disse: tenho sede. Havia ali um vaso cheio de vinagre. Os soldados encheram de vinagre uma esponja e, fixando-a numa vara de hissopo, chegaram-lhe à boca. Havendo Jesus tomado o vinagre, disse: Tudo está consumado. Inclinou a cabeça e entregou o espírito. Os judeus temeram que os corpos ficassem na cruz durante o sábado, porque já era a Preparação e esse sábado era particularmente solene. Pediram a Pilatos que se quebrassem as pernas e fossem retirados. Vieram os soldados e quebraram as pernas do primeiro e do outro que com ele foram crucificados. Chegando, porém, a Jesus, como o vissem já morto, não lhe quebraram as pernas, mas um dos soldados abriu-lhe o lado com uma lança e, imediatamente, saiu sangue e água (Jo 19,25-34).

Nascia, portanto, a Igreja com a sua Mãe ao pé da cruz. Os padres interpretam esta água como o sacramento do Batismo e o sangue como a Eucaristia. Sem estes dois sacramentos não temos Igreja. O primeiro gera para fé os novos filhos de Deus, membros da Cabeça e o segundo nutre a Igreja até a volta do seu Divino Esposo, Nosso Senhor Jesus Cristo. Enquanto ele não volta, vamos sendo conduzidos pela mediação constante da Virgem Maria, a Mãe da Igreja.

Oração

Ó Deus eterno e todo poderoso, nós te agradecemos por nos ter dado a bem-aventurada Virgem Maria como Mãe da Igreja. Sabemos ser ela um porto seguro para todos nós que caminhamos rumo à Cidade do Céu na penumbra da fé. Intimamente ligada ao teu Filho pela concepção virginal, sendo assim Mãe de Deus e Mãe do homem, ela olha e intercede por todos nós. Neste mundo dilacerado pela falta de fé, pelo consumismo, imediatismo e relativismo, nós te pedimos que o exemplo de obediência e a proteção da Virgem possa nos motivar na busca da santidade, livrando-nos de todo mal que divide e atrapalha nossa caminhada de fé e, assim, a tua Igreja permaneça sempre unida conforme rezou teu Filho e nosso irmão na noite que foi entregue: "Para que todos sejam um". Maria como Mãe possa ser o instrumento dessa unidade. Por Nosso Senhor Jesus Cristo, vosso Filho, que convosco vive e reina na unidade do Espírito Santo.

3. Imaculado Coração de Maria

Sábado seguinte à solenidade do Sagrado Coração de Jesus

Esta memória litúrgica é celebrada no sábado que segue à solenidade anual do Coração de Jesus, a não ser que este dia coincida, o que acontece raramente, com a solenidade da Natividade de São João Batista. No ano que ocorrer esta coincidência, tal memória é suprimida.

Passemos a meditar o símbolo do coração. Como todos sabem, sempre representa o amor, pois é no pulsar do coração que o sangue (a vida) chega a todos os órgãos do corpo e irriga o cérebro, a fim de que realize todas as suas funções motoras e cognitivas. O coração da Virgem Maria viveu cheio de amor desde o momento da sua concepção imaculada, sendo transpassado pela espada de dor junto à cruz do seu Filho, e cheio de alegria ao contemplá-lo ressuscitado e ao receber o Dom pascal no dia de Pentecostes, o Espírito de Amor.

O evangelista São Lucas nos apresenta a Mãe de Jesus como a mulher discreta e observadora, guardando todos os acontecimentos em seu coração: "Maria, por sua vez, guardava todas essas coisas e meditava sobre elas em seu coração" (cf. Lc 2,15-19). A expressão: "guardar no coração" lembra o silêncio, não aquele obsequioso, por medo, mas o que é orante, necessário para o nosso encontro com Deus, pois, diante das coisas que fogem ao nosso entendimento, o melhor a fazer é rezar, meditar no coração e contemplar o Mistério. Ela, portanto, ensina-nos o valor da discrição.

São Lourenço Justiniano, bispo do século XIV, tem um sermão para a festa da Purificação da Bem-aventurada Virgem Maria que casa muito bem com a nossa meditação sobre as coisas que Maria guardava em seu coração imaculado. Diz ele:

> Maria meditava consigo mesma tudo quanto lia, ouvia, contemplava e assim conhecia quanto crescia na fé, se enriquecia de méritos, esclarecia-se pela sabedoria, ardia sempre mais com o fogo da caridade! Impelida pela renascente fonte dos sacramentos celestes, transbordava de alegria, era profundamente fecundada pelo Espírito, corria para Deus e, humilde, guardava-o em si. São assim os progressos da graça divina: da maior baixeza elevam às alturas e transformam de claridade em claridade. Totalmente feliz a mente da Virgem que, pelo Espírito que a habitava e instruía, sempre e em tudo obedecia à vontade do Verbo de Deus. Não se guiava pelo próprio parecer ou arbítrio. Mas realizava, exteriormente, pelo corpo o que na fé lhe insinuava a sabedoria. De fato, convinha à sabedoria divina, que edificava a Igreja como templo para si, servir-se de Maria Santíssima por sua observância da lei, purificação do espírito, norma de humildade e oblação espiritual. Imita-a, pois, ó alma fiel. Para te lavares espiritualmente e conseguires purificar-te do contágio dos pecados, entra no templo de teu coração. Aí Deus em tudo quanto fazemos leva em consideração mais o intento do que o resultado. Por isto, quer nos extasiemos e aquietemos em Deus pela contemplação, quer estejamos atentos em cultivar as virtudes, em acudir os interesses do próximo, tudo faremos, na medida em que nos compelir a caridade de Cristo. Esta é verdadeiramente a oblação espiritual bem-aceita, realizada não em templo construído, mas no templo do coração, onde entra com alegria o Cristo Senhor.[1]

---

[1] LITURGIA DAS HORAS: ofício das leituras. São Paulo: Paulinas, 1982. pp. 1417-1418.

As palavras de São Lourenço Justiniano são ricas, profundas e motivadoras. Vale refletir alguns trechos: Maria era a mulher da meditação, tudo aquilo que lia, ouvia e via, pela contemplação, meditava no coração para poder tomar decisões conforme os planos do Altíssimo. Ela transbordava de alegria porque era fecundada pelo Espírito. Nós, também, podemos tomar os seus exemplos, sendo discretos e alegres, já que possuímos o mesmo Espírito Santo que habitava o interior da Virgem. Outro trecho de valor: "... *corria* para Deus e, *humilde, guardava-o em si*".[2] Como já dissemos, anteriormente, ao meditar a sua visitação a Isabel, a pressa é própria de quem ama, opõe-se a todo tipo de preguiça espiritual e física. Devemos nos apressar para a humildade, pois os humildes serão aqueles que vão ser exaltados por Deus (cf. Mt 23,12). Guardar Deus em si é assemelhar-se a ele, possuir posturas de Cristo. Nossas palavras e ações deverão ser as mesmas de nosso Senhor, como aconteceu com Maria, que é toda dele. O ideal é dizermos como São Paulo: "Não sou eu que vivo, é Cristo que vive em mim" (Gl 2,20). Assim como a Virgem, vamos obedecendo à vontade de Deus, realizando, exteriormente, em nosso corpo aquilo que nos insinua a sabedoria vinda do Espírito Santo. Imitando a Maria, seremos purificados dos pecados e entraremos no templo do nosso coração todo puro para Deus. Assim, tudo o que fizermos será motivado pela caridade do Cristo e de sua Mãe. Esta obra espiritual, como afirma São Lourenço Justiniano, será bem-aceita pelo Senhor e acontecerá no templo do nosso coração, "onde entra com alegria o Cristo Senhor", cujo Imaculado Coração de Maria é sempre o modelo.

A antífona do dia que abre a celebração da Santa Missa é retirada do Salmo 12,6: *Meu coração exulta porque me salvais*. "Cantarei ao Senhor pelo bem que me fez". Já a Oração do Dia, coloca-nos bem no clima litúrgico da memória celebrada:

Ó Deus, que preparastes morada digna do Espírito Santo
no Imaculado Coração de Maria, concedei que, por sua intercessão,
tornemo-nos um templo da vossa glória.

---

[2] Destaque nosso.

>Por nosso Senhor Jesus Cristo, vosso Filho,
>na unidade do Espírito Santo.

Como vemos, a oração enfatiza o coração da Virgem como morada do Espírito Santo e pede para que cada um de nós se torne templo da sua glória. Como nos diz São Paulo: "Vós sois santuário de Deus e o Espírito de Deus habita em vós" (1Cor 3,16). Somos, portanto, chamados a participar da mesma honra de Maria.

A antífona de Aclamação ao Evangelho enfatiza o coração da Mãe de Jesus como lugar em que a Palavra de Deus foi guardada e meditada.

O Evangelho de Lucas 2,41-51 trata da primeira Páscoa, em que os pais de Jesus o levaram a Jerusalém quando completara 12 anos de idade. Lá ficou perdido dos pais e da caravana que descia para a Galileia. Quando José e Maria, aflitos, o encontraram no Templo ensinando e discutindo no meio dos mestres e todos estavam maravilhados com a sua palavra – porque Jesus sempre encantava quando falava ou agia –, sua Mãe o repreende e ele afirma que sua preocupação maior é com as coisas do Pai; mesmo assim, desceu para Nazaré com os seus pais e lhes era obediente. E São Lucas afirma: "Sua Mãe, porém, *conservava no coração*[3] todas estas coisas" (Lc 2,51b).

As orações sobre as ofertas e a pós-comunhão vão nesta mesma linha de pensamento, ou seja, para que as ofertas apresentadas em honra de Maria sejam bem-aceitas e que, tendo participado da redenção eterna na festa da Mãe de Jesus, possamos crescer na graça e que a salvação se plenifique em nós, como já está intrínseca no coração de Maria.

Maria disse no canto do *Magnificat*: "Chamar-me-ão bem-aventurada todas as nações" (Lc 1,48). Todo amor e graça encerrados no Coração de Jesus valem também para Maria, pois, durante nove meses, a vida do Filho de Deus encarnado pulsou ritmicamente com a de Maria. Tal ligação nunca foi interrompida; antes, foi reforçada desde que Maria está no céu em corpo e alma pelo dogma de sua Assunção ao mais alto dos céus.

---

[3] Destaque nosso.

Oração

Ó Deus, Pai de amor e bondade, que fizestes do Coração de Maria uma digna habitação para o vosso amado Filho, nosso Redentor Jesus Cristo, fazendo com que ela guardasse todas as experiências místicas recebidas de vós no seu Coração Imaculado, dai-nos, por intercessão dela, sermos vossos filhos discretos, silenciosos, contemplativos; que saibamos guardar e meditar no nosso coração aquelas experiências únicas e amáveis, sempre provindas de vós, que nos dais a participar ao longo da nossa vida de fé. E este dom da fé, nós vos agradecemos e pedimos que frutifique sempre em nós e na Igreja para a edificação do Corpo Místico de Cristo, do qual Maria é modelo e antecipação plena desse futuro que ansiosamente esperamos. Por Cristo, nosso Senhor, que é Deus convosco na unidade do Espírito Santo. Amém.

4. Nossa Senhora do Carmo

16 de julho

O acontecimento teofânico ocorrido em Israel e, particularmente, no Monte Carmelo, às margens do Mar Mediterrâneo e junto da bela cidade industrial de Hifa, remonta aos tempos do profeta Elias, que, naquele lugar, venceu os falsos profetas de Baal que se opunham ao Deus de Israel. O Carmelo é cantado na Bíblia pela sua beleza; inclusive, etimologicamente, quer dizer "jardim".

No primeiro livro de Reis 1,18-46, vemos a cena de Elias e os falsos profetas. Ambos ofereceram um sacrifício ao seu Deus. Os profetas de Baal aceitaram o desafio e prepararam um sacrifício de um bezerro e, pondo-o no altar, passaram o dia todo invocando os seus deuses. E os falsos profetas pediram, gritaram, saltaram, cortaram-se, e aquele sacrifício não foi aceito. No meio do dia, Elias zombava deles e dizia: "Clamai em altas vozes, porque ele é um deus; pode ser que esteja falando, ou que tenha alguma coisa a fazer, ou que intente alguma viagem; talvez esteja dormindo e despertará" (1Rs 18,27). E mesmo clamando em alta voz, e cortando-se com canivetes, nada acontecia. Os profetas de Baal continuaram assim até a hora do pôr do sol.

Ao final da tarde, Elias restaurou o altar em cima de doze pedras que representavam as doze tribos de Israel; depois fez uma vala ao redor do altar, dividiu o bezerro em pedaços, o pôs sobre a lenha e pediu para que se enchesse de água quatro cântaros, derramando-os sobre o holocausto e sobre a lenha, e fizeram isso por três vezes. No momento do sacrifício da tarde, o profeta Elias se aproximou e disse: "Ó Senhor Deus de Abraão, de Isaac e de Israel, manifesta-se hoje que tu és Deus em Israel, e que sou teu servo, e que conforme à tua palavra fiz todas estas coisas. Responde-me, Senhor, responde-me, para que este povo conheça que tu és o Senhor Deus, e que tu fizeste voltar o seu coração". Então caiu fogo do Senhor, e consumiu o holocausto, e a lenha, e as pedras, e o pó, e ainda lambeu a água que estava no rego (cf. 1Rs 18,36-38). Então todo o povo reconheceu que o Deus de Israel é o verdadeiro Deus. E todos lançaram as mãos sobre os profetas de Baal, fizeram-nos descer ao ribeiro de Quisom, e ali os matou. Então, Elias subiu ao cume do Monte Carmelo e lá rezou. O Senhor, por sua vez, mandou água em abundância para a terra de Israel. Água, que na Bíblia sempre significa vida, purificação, batismos, presença do Espírito Santo, elemento de teofania.

Sobre este monte, onde o profeta Elias defendeu a fé de Israel no Deus vivo, começaram, no século XII, a aparecer alguns eremitas para lá habitarem e ali fundaram uma ordem religiosa chamada: a Ordem dos Carmelitas, voltada à contemplação, sob o patrocínio da Santa Mãe de Deus.

A memória litúrgica celebrada no dia 16 de julho foi elevada por São João Paulo II ao grau de festa e acontece nesta data para recordar que, segundo as tradições carmelitas, o primeiro padre geral da Ordem, São Simão Stock, recebeu das mãos de Maria o "escapulário" com a promessa de eterna salvação. Maria Imaculada, nas aparições de Lourdes, escolheu o dia 16 de julho para a sua última saudação a Bernadete.

Nossa Senhora é, portanto, a Flor do Carmelo, visto, como já dito, que este nome significa jardim. Existe até uma canção popular para o dia de Nossa Senhora do Carmo:

1. Ó vinde cristãos louvar a Maria, com hino singelo e terna alegria

Refrão: Flor do Carmelo, nossa alegria!

Salve, salve Maria!

Salve, salve Maria!

2. Foi lá no Carmelo que a Virgem surgiu.

Do mar numa nuvem Elias a viu.

3. Em chuva de graças ela apareceu e todo Carmelo, feliz, exultou.

4. Mil anos passados, de novo, eis Maria:

aos filhos queridos mais bênçãos trazia.

5. O santo bentinho lhe pende da mão, que rindo,

bondosa, entrega a Simão.

6. Mil outros desvelos a Mãe dispensou, do Carmo,

aos filhinhos, pois cedo os amou.

7. Vós todos que aflitos e tristes viveis, na Virgem

do Carmo consolo achareis.

8. Rainha das virgens também ela é. Se queres ser puro,

implora-a com fé.

9. E um dia nos céus com os Anjos e Santos,

no Carmo da glória será nosso canto.[4]

O Escapulário da Virgem do Carmo é um sacramental, assim como a água benta, as medalhas, as estampas e as imagens abençoadas. O sacramental é um sinal externo que foi instituído pela Igreja e não traz a graça em si mesmo; antes, nos prepara para ela, despertando em nós sentimentos de fé e amor. Além disso, tem um valor de intercessão da Igreja, diante de Deus, a fim de que ele nos conceda uma graça. O atual Catecismo da Igreja Católica nos diz que qualquer graça que possamos obter pelo uso dos sacramentais depende do poder da oração da Igreja e das nossas disposições interiores.

---

[4] PROVÍNCIA CARMELITANA PERNAMBUCANA. *Em oração com Maria, Mãe do Carmelo*. Recife: Gráfica Dom Bosco, 2005. pp. 90-91.

Portanto, o uso do escapulário não dispensa a recepção dos sacramentos, que são os meios instituídos pelo próprio Jesus Cristo como via para nossa santificação, nem a prática das virtudes. São os sacramentos que nos dão a graça santificante. Os sacramentais, na fé e piedade, nos preparam para recebê-la e ajudam, ainda, a buscar a conversão, como também nos dão a boa vontade para o arrependimento, a fim de que através do Sacramento da Reconciliação possamos receber o perdão de Deus.

Assim vemos a grande importância de usar este sacramental que Nossa Senhora informou ao fundador da Ordem Carmelita, São Simão Stock e ao Papa João XII, para que tenhamos a comoção pelos nossos pecados, convertamo-nos deles e morramos em estado de graça usando o Santo Escapulário da Virgem do Monte Carmelo.

Outro dado importante para refletir é que Nossa Senhora aparece no Monte Carmelo com roupa marrom e usando o escapulário próprio das Ordens Monásticas contemplativas: uma longa peça de pano caindo para frente e para trás até os pés. Que lição pode-se tirar da sua vestimenta? Que a Virgem Maria privilegia aqueles e aquelas que buscam a oração, o trabalho e a penitência como instrumentos para a salvação. O escapulário lembra, também, uma espécie de avental que se usa para o trabalho monástico dos monges e das monjas.

A Oração do Dia para a festa de Nossa Senhora do Carmo é bem curta, mas cheia de significado teológico. Diz ela:

Venha, ó Deus, em nosso auxílio a gloriosa intercessão de
Nossa Senhora do Carmo para que possamos, sob sua proteção,
subir ao Monte que é Cristo, que convosco vive e reina, na unidade do
Espírito Santo.

Vê-se, claramente, a centralidade da oração em cima da pessoa do Cristo. Ele é o Monte verdadeiro; é para ele que Maria aponta e nos ensina o caminho. "Fazei tudo o que ele vos disser" (Jo 2,5).

A primeira leitura da festa é tirada do profeta Zacarias (2,14-17), que traz a profecia do júbilo: Jerusalém, que é a cidade onde está situado o Monte Sião, deverá se alegrar, pois ele próprio vem habitar no meio dela. Muitas nações virão até esta cidade, pois lá é a primeira habitação de Deus; será uma terra santa e uma cidade escolhida novamente para ser a morada do grande Rei. Esta profecia se realiza, plenamente, em Maria, que subiu a Jerusalém levando Jesus Redentor em seu ventre, quando foi servir a sua prima Isabel; depois, quando leva Jesus para apresentá-lo no Templo; também o leva para a solenidade da Páscoa aos doze anos, acompanha-o até o Calvário e, finalmente, está em cima do Monte Sião, onde fica o Cenáculo, lugar da efusão do Espírito Santo no dia de Pentecostes. Daí o motivo de o profeta proclamar o júbilo e a alegria para a cidade de Jerusalém e sua relação com a Virgem Maria.

Neste dia, no lugar do Salmo se canta o *Magnificat* (cf. Lc 1,46-55), pois foi lá no monte (montanhas de Judá) que a Virgem Maria, como porta-voz das grandes mulheres do Antigo Testamento, canta o seu hino que é o resumo do Evangelho do Filho que recorda o cumprimento das promessas feitas pelo Criador aos primeiros pais (patriarcas), mostra a força de seu braço e seu carinho para com os pobres e humildes, pois estes serão sempre elevados. O monte Carmelo e a vida monástica têm na humildade o cume da perfeição, por isso que o verdadeiro Monte é Cristo, o mais belo e humilde de todos os homens.

Já o Evangelho traz aquela cena de Jesus falando às multidões, quando sua Mãe e seus irmãos (primos) chegaram do lado de fora (provavelmente, de uma sinagoga), desejando falar com ele (cf. Mt 46-50). Quando toma conhecimento disso, Jesus responde que sua Mãe e seus irmãos são todos aqueles que fazem a vontade do seu Pai que está nos céus. E este foi um dos maiores elogios que Maria recebeu de seu Filho, pois foi ela quem mais fez a vontade do Pai, aceitando totalmente e durante a vida toda o projeto que Deus preparou para a ela: ser a Mãe do seu Filho, nosso Redentor: "Eis aqui a serva do Senhor, faça-se em mim segundo a tua palavra" (Lc 1,38).

O restante da Santa Missa deste dia é tomado do Comum de Nossa Senhora, tanto para as orações das Ofertas quanto para oração pós-comunhão. O prefácio poderá ser escolhido, também, daqueles de Nossa Senhora, geralmente o I ou II que estão no Missal Romano.

Oração

Ó Deus Pai de amor, ao rendermos culto à Virgem do Carmelo, é a vós que prestamos a verdadeira adoração e a devida homenagem, pois sempre vos preocupais com a humanidade. Ao fazer cair a chuva sobre Israel, ouvistes os apelos do profeta Elias que observou na pequena nuvem que despontava no horizonte a vossa bênção generosa. Sempre escolhestes a nuvem para vos manifestar a nós: na saída do vosso povo da escravidão do Egito, era da nuvem que dava o sinal de levantar o acampamento, à noite ela se tornava coluna de fogo para aquecer e iluminar. No Batismo do vosso Filho, nas águas do rio Jordão, também, da nuvem se ouviu vossa voz dizer: "Este é o meu Filho amado em quem muito me agrado" (Mt 3,17). Na cena da Transfiguração de Jesus no monte Tabor foi, também, da nuvem que se ouviu a vossa voz: "Eis o meu Filho muito amado em quem pus toda a minha afeição: ouvi-o" (cf. Mt 17,5). Quando o vosso Filho, nosso Senhor Jesus Cristo, foi elevado aos céus após os quarenta dias da sua gloriosa Ressurreição, foi uma nuvem que o ocultou da vista dos discípulos (cf. At 1,9). Esperamos ansiosamente que, um dia, esta nuvem desvele o nosso Salvador que, cheio de glória, virá para o julgamento final. Enquanto aguardamos este dia, confiamo-nos à materna intercessão de Nossa Senhora do Carmo. E isto, nós vos pedimos pela única mediação do vosso Filho, nosso Senhor Jesus Cristo, que convosco vive e reina na unidade do Espírito Santo. Amém.

5. Dedicação da Basílica de Santa Maria Maior

5 de agosto

Outra memória importante do nosso calendário litúrgico, relativa a Nossa Senhora, ocorre no dia 5 de agosto, porque, sendo pleno verão na cidade de Roma, caiu neve, neste dia, no lugar onde está situada esta primeira igreja dedicada à Virgem Maria no Ocidente. A Basílica de Santa Maria, em Roma, foi consagrada e oferecida ao Povo de Deus pouco depois do Concílio de Éfeso (431), que proclamou a divina Maternidade de Maria, cuja solenidade celebra-se no dia 1o de janeiro, já refletida neste compêndio. Tendo sido dedicada (consagrada) nos meados do século IV pelo Papa Libério, movido por esta miraculosa queda de neve no verão. Provém daí a invocação da Mãe de Jesus com o título de Nossa Senhora das Neves. Também chamada de Basílica Liberiana. É a maior igreja mariana de Roma. Juntamente com a Basílica de São Pedro, no Vaticano, a de São João de Latrão, catedral de Roma, e a de São Paulo Fora dos Muros, forma o conjunto das quatro basílicas maiores do mundo, pois todas as outras são consideradas menores, e estas são Patriarcais, pois estão diretamente sob os cuidados do papa, o patriarca do Ocidente.

Dentro da Basílica, encontramos abaixo do altar do baldaquino central um relicário que, segundo a tradição, guarda os pedaços da manjedoura de nosso Senhor Jesus Cristo e, ainda, um altar lateral, dedicado à Virgem *Salus Populi Romani* (saúde ou protetora do povo romano). Sendo, portanto, a padroeira dos romanos. Este título foi dado, no século XIX, para o ícone bizantino da Virgem trazendo o Menino Jesus nos braços. Supõe-se que esta imagem seja do início da era cristã. Tal imagem foi coroada pelo Papa Pio XII em 1954 e o Papa Francisco rotineiramente a venera, inclusive, no dia seguinte à sua eleição ao sumo pontificado, foi venerá-la em seu altar levando flores. O papa emérito, Bento XVI, também, a venerou em muitas ocasiões. Em 2002, o Papa São João Paulo II deu aos jovens da Jornada Mundial da Juventude (JMJ) uma cópia contemporânea deste sagrado ícone como símbolo de fé para ser levado pelo mundo, acompanhando a cruz da JMJ. Disse o Santo Padre naquela ocasião: "Hoje eu confio a vocês... o ícone de Maria. De agora em diante, ele vai acompanhar as Jornadas Mundiais da Juventude, junto com a cruz. Contemplem a sua Mãe! Ele será um sinal da presença materna de Maria próxima aos jovens que são chamados, como o apóstolo João, a acolhê-la em suas vidas".[5]

---

[5] Roma, 18ª Jornada Mundial da Juventude, 2003. Disponível em: <https://pt.wikipedia.org/wiki/Salus_Populi_Romani>. Acesso em: 21.02.17.

Também, já é uma tradição anual o papa celebrar a Santa Missa do dia do Corpo e Sangue de Cristo na Basílica de São João de Latrão e, depois, seguir em procissão com a Eucaristia, pela Via Merulana, até ao átrio da Basílica de Santa Maria Maior, de onde o Santo Padre dá a Bênção com o Santíssimo Sacramento. O Papa Francisco iniciou uma tradição bem singular, ou seja, quem transporta a Eucaristia no carro-andor é um diácono e ele espera a procissão em Santa Maria Maior; assim, toda a evidência centra-se no Cristo, e não no papa. Mais um ensinamento humilde do nosso atual papa. Nesta Basílica, assim como nas outras três romanas citadas acima, encontram-se as Portas Santas, que são abertas no início e fechadas no encerramento de cada Ano Santo.

Esta memória é facultativa e, por isso, traz de próprio apenas a Oração do Dia que diz:

Perdoai, Senhor, os nossos pecados, e como não nos podemos agradar por nossos atos, sejamos salvos pela intercessão da Virgem Maria, Mãe de Deus. Por nosso Senhor Jesus Cristo, na unidade do Espírito Santo.

Assim, os outros textos, ou seja, orações sobre as ofertas e pós-comunhão, leituras e salmo, deverão ser escolhidos dos textos das Missas dos Comuns de Nossa Senhora.

Oração

Deus eterno e todo-poderoso, que nos destes a Virgem Maria como Mãe do vosso Filho e nossa, dai-nos pela sua materna intercessão chegarmos até vós com o coração purificado de toda culpa e recebermos, um dia, a saúde de alma e corpo para merecer, juntamente com ela, cantar os teus louvores. Por Jesus Cristo, vosso Filho, na unidade do Espírito Santo. Amém.

6. Assunção de Nossa Senhora

15 de agosto (no Brasil, celebra-se no domingo seguinte, caso este dia não seja um domingo)

A maior solenidade da Bem-Aventurada Virgem Maria é a sua Assunção ao mais alto dos céus em corpo e alma. Aquela que trouxe em seu ventre o próprio Autor da vida e sendo concebida sem o pecado original, em previsão dos méritos de Cristo, não poderia sofrer a corrupção da sepultura. Este dia é, portanto, a Páscoa da Mãe do Senhor e nossa Mãe do céu.

O dia 15 de agosto, provavelmente, foi a dedicação de uma grande igreja consagrada à Virgem Maria, em Jerusalém. Aqui, no Brasil, por não ser mais feriado e com aprovação da Santa Sé, esta grande solenidade é transferida para o domingo seguinte, a fim de que os fiéis possam participar das santas Missas de modo mais eficaz, consciente, e haurir de todos os frutos espirituais.

A Igreja sempre acreditou na Assunção de Nossa Senhora aos céus; com base nessa crença, o Papa Pio XII proclamou esse dogma em 1950. Ignoramos quando e como se deu a morte de Maria, mas desde muito cedo é festejada como a Dormição da Mãe de Deus, inclusive, em Jerusalém, no Monte Sião, encontra-se um mosteiro beneditino chamado da Dormição de Maria. Ela que é a glória de Sião e a alegria de Israel!

O Papa Pio XII, na Bula *Munificentissimus Deus* (nn. 21-23), apresenta o testemunho dos Santos Padres relativo a este mistério da Virgem:

S. João Damasceno, que entre todos se distingue como pregoeiro dessa tradição, ao comparar a assunção gloriosa da Mãe de Deus com as suas outras prerrogativas e privilégios, exclama com veemente eloquência: "Convinha que aquela que no parto manteve ilibada virgindade conservasse o corpo incorrupto mesmo depois da morte. Convinha que aquela que trouxe no seio o Criador encarnado habitasse entre os divinos tabernáculos. Convinha que morasse no tálamo celestial aquela que o Eterno Pai desposara. Convinha que aquela que viu o seu Filho na cruz, com o coração traspassado por uma espada de dor de que tinha sido imune no parto, contemplasse assentada à direita do Pai. Convinha que a Mãe de Deus possuísse o que era do Filho e que fosse venerada por todas as criaturas como Mãe e Serva do mesmo Deus" (...). Assim, para citar outro exemplo, S. Germano de Constantinopla julgava que a incorrupção do corpo da Virgem Maria Mãe de Deus e a sua assunção ao céu são corolários não só da sua maternidade divina, mas até da santidade singular daquele corpo virginal: "Vós, como está escrito, aparecestes 'em beleza'; o vosso corpo virginal é totalmente santo, totalmente casto, totalmente domicílio de Deus de forma que até por este motivo foi isento de desfazer-se em pó; foi, sim, transformado, enquanto era humano, para viver a vida altíssima da incorruptibilidade; mas agora está vivo, gloriosíssimo, incólume e participante da vida perfeita". Outro escritor antiquíssimo assevera por sua vez: "A gloriosíssima Mãe de Cristo, Deus e Salvador nosso, doador da vida e da imortalidade, foi glorificada e revestida do corpo na eterna incorruptibilidade, por aquele mesmo que a ressuscitou do sepulcro e a chamou a si de uma forma que só ele sabe". À medida que a festa litúrgica se foi espalhando, e celebrando mais devotamente, maior foi o número de bispos e oradores sagrados que julgaram ser seu dever explicar com toda a clareza o mistério que se venerava nesta solenidade e mostrar como ela estava intimamente relacionada com as outras verdades reveladas.

Como vemos, o Papa afirmou aquilo que os cristãos já acreditavam e nós hoje, em nossa Paróquia, na nossa Arquidiocese e onde estivermos, anunciamos que a Mãe de Deus habita nos tabernáculos dos céus, em corpo e alma, ao lado da Santíssima Trindade, dos anjos e de todos os santos, pois, como rainha, refulge em seu esplendor e é a perfeita intercessora da Igreja. Assim, o referido Pontífice proclama o dogma da Assunção de Nossa Senhora:

> Pelo que, depois de termos dirigido a Deus repetidas súplicas, e de termos invocado a paz do Espírito de verdade, para glória de Deus onipotente que à Virgem Maria concedeu a sua especial benevolên-

cia, para honra do seu Filho, Rei imortal dos séculos e triunfador do pecado e da morte, para aumento da glória da sua augusta mãe, e para gozo e júbilo de toda a Igreja, com a autoridade de nosso Senhor Jesus Cristo, dos bem-aventurados apóstolos S. Pedro e S. Paulo e com a nossa, *pronunciamos, declaramos e definimos ser dogma divinamente revelado que: a Imaculada Mãe de Deus, a sempre Virgem Maria, terminado o curso da vida terrestre, foi assunta em corpo e alma à glória celestial.*[6]

O Salmo 44 nos mostra, de maneira poética, essa realidade:

À vossa direita encontra-se a rainha,
com veste esplendente de ouro de Ofir

– As filhas de reis vem ao seu encontro, e à vossa direita se encontra a rainha com veste esplendente de ouro de Ofir.

– Escutai, minha filha, olhai, ouvi isto: esquecei vosso povo e a casa paterna! Que o Rei se encante com a vossa beleza! Prestai-lhe homenagem; é o vosso Senhor.

– Entre cantos de festa e com grande alegria, ingressam, então, no palácio real.

As três leituras da Missa do dia apresentam de modo concreto os valores da Assunção de Maria, o lugar que ela tem no plano da salvação e suas mensagens à humanidade. Maria é a verdadeira "arca da aliança", é a "mulher vestida de sol", imagem da Igreja. Como a arca construída por Moisés estava no Templo, porque era sinal e instrumento da aliança de Deus com seu povo eleito, Maria está no céu em sua integridade humana porque é sinal e instrumento da nova e definitiva aliança; trouxe em seu ventre o próprio Deus que nos ensina a amar-nos uns aos outros. A arca continha a Lei Mosaica e, por ela, Deus respondia aos pedidos do povo. Maria nos oferece Jesus, aquele que proclama a nova lei do Amor.

---

[6] MD, n. 44, destaque nosso.

Essa ressurreição corporal se deu por obra de Deus e, também, dar-se-á em nós quando Jesus voltar. É, portanto, como nos diz São Paulo na segunda leitura, uma obra de Cristo, modelo e realizador da ressurreição final e gloriosa, comunicada em primeiro lugar a Maria, por causa da maternidade divina. A Virgem Imaculada foi o anúncio da finalidade da redenção, que é levar todos os homens e mulheres a uma inocência integral; a Virgem da Assunção é anúncio da meta final da redenção: a glorificação da humanidade em Cristo (cf. 1Cor 15,20-27a).

A mulher do Apocalipse vence o dragão, o seu Filho é arrebatado para junto do Pai. Para ela é preparado um lugar bem distante do dragão... E Maria combate a nosso favor!

A perícope do Evangelho de Lc 1,39-59 apresenta a visita da Virgem a Isabel, que, ao se encontrar com a prima, cheia do Espírito Santo profetiza: "Bendita és tu entre as mulheres e bendito é o fruto do teu ventre! Como posso merecer que a Mãe do meu Senhor venha me visitar? Logo que a tua saudação chegou aos meus ouvidos, a criança pulou de alegria no meu ventre. Bem-aventurada aquela que acreditou, porque será cumprido o que o Senhor lhe prometeu". E Maria prorrompe em louvar as maravilhas de Deus com o canto do *Magnificat*. Sabemos que este cântico possui três dimensões: *uma religiosa*, a alma de Maria que louva e proclama as maravilhas do Senhor; *uma política*, porque os poderosos serão derrubados dos seus tronos e os humildes exaltados; aliás, a elevação de Maria ao mais alto dos céus se dá por conta de sua humildade: "olhou a humildade de sua serva..."; e *uma dimensão social*, pois dispersou os ricos de mãos vazias e encheu de bens os famintos.

Não deixemos passar em vão este dia tão grandioso, em que cantamos as glórias da nossa Mãe do céu! Vamos nos perguntar: que atitude eu posso mudar em mim para me assemelhar mais à Virgem Maria? Será dando um sim incondicional ao Senhor pela humildade de coração, pelo espírito de pobreza e do serviço? Será cantando eternamente as misericórdias do Senhor que sempre realiza maravilhas em nós?

Vamos dizer todos os dias com o salmista do Salmo 88: "Cantarei eternamente a bondade do Senhor, sua fidelidade de geração a geração".

Oração

Ó Pai de ternura e bondade, que nos destes a Virgem Maria como nossa Mãe solícita e hoje a coroaste, pela sua humildade, de glória e esplendor, elevando-a ao mais alto lugar da corte celeste, acima dos Anjos e Rainha de todos os Santos. Vinde em nosso socorro pela sua materna intercessão. Colocamos toda a nossa vida nas mãos da Virgem da Assunção para que possamos viver, no cotidiano, o ideal da santidade através de uma vida simples, humilde, de serviço, assim como ela viveu quando passou por este mundo. Ó Pai, permiti-nos dirigir agora, com muito fervor, esta prece à vossa Filha predileta, Mãe do vosso Filho e Esposa do Divino Espírito Santo:

Ó Virgem Maria, vós que sois a humilde serva do Senhor, olhai com compaixão para nós, vossos filhos, pois foi o vosso próprio Filho que no momento extremo da cruz nos entregou à vossa materna proteção através da figura do apóstolo João, que representava a todos nós. Neste mundo dilacerado pelas guerras, egoísmos, competições, falta de amor, raivas, rancores, cultura da morte, trevas... Nós continuamos a confiar em vós, na vossa intercessão junto do Pai e do Filho e do Espírito Santo. Nossa esperança vai estar sempre "acesa", pois de vós veio a fonte de toda a nossa alegria, Jesus Cristo, nosso Senhor.

Ó Pai, obrigado por nos ter dado tão grande Mãe e por glorificá-la em corpo e alma. Ela é a nossa segurança de um dia, também, participar-mos da ressurreição da carne. Fazei, Pai Amado, que vosso projeto de amor complete-se em cada um de nós, vossos filhos. Isso vos pedimos por Jesus Cristo, vosso filho amado, que vive convosco na unidade do Espírito Santo. Amém!

7. Nossa Senhora Rainha

22 de agosto

No ano de 1944, o Santo Padre, o Papa Pio XII, instituiu esta festa, que hoje é uma memória facultativa, pois neste dia celebrava-se o Coração Imaculado de Maria. Já em 1955 foi estabelecida para o dia 31 de maio a festa de Nossa Senhora Rainha, paralela à solenidade de Cristo Rei. Com a reforma litúrgica empreendida pelo Concílio Vaticano II, a memória do Coração Imaculado de Maria, como vimos anteriormente, passou a ser celebrada no dia seguinte à solenidade do Sagrado Coração de Jesus, que é uma data móvel, pois sua marcação se dá de acordo com a solenidade anual da Páscoa do Senhor, ou seja, na sexta-feira da semana seguinte à solenidade do Corpo e Sangue de Cristo. Da mesma forma colocou esta memória de hoje, que evoca a realeza de Maria, oito dias após a sua gloriosa Assunção aos céus, ou seja, no dia 22 de agosto, como se fosse o complemento de uma Oitava Festiva. Se bem que esta oitava não existe mais, já que, com a reforma litúrgica, só se mantiveram duas Oitavas Solenes:[7] a do Natal do Senhor e a de Páscoa. Esta memória litúrgica possui uma estreita ligação entre a Assunção e Glorificação de Nossa Senhora. "A realeza messiânica é o estado a que são destinados todos os cristãos. Maria foi a primeira a realizar em si a promessa de Jesus: 'Comereis e bebereis à minha mesa no meu Reino e sentar-vos-ei em tronos para julgar as doze tribos de Israel'" (Lc 22,28-30).[8]

A antífona de entrada evoca o Salmo 44,10, que diz: "A Rainha está à vossa direita com suas vestes de ouro, ornada de esplendor".

A Oração do Dia coloca-nos bem dentro do contexto litúrgico celebrado: atribui tudo de bom que Maria possui ao nosso Deus, pois foi ele quem a tornou Mãe e Rainha, como também nossa fiel intercessora, e pede que, por esta intercessão, possamos alcançar o Reino do céu e a glória prometida.

Sobre as oferendas, a Igreja afirma que, ao celebrarmos esta memória da Virgem Maria com as oferendas que trazemos para o altar, suplica que o Cristo venha em nosso socorro, pois ele se ofereceu por nós na cruz como sacrifício sem mancha, assim como a Virgem Maria concebida sem o pecado original.

---

[7] *Oitava* na liturgia significa estender a celebração da solenidade por oito dias, como se fosse um grande e único dia de festa, inclusive, com o canto do "Glória" por todos os dias da Oitava.

[8] Cf. *Missal cotidiano.* 7. ed. São Paulo: Paulus, s.d., p. 1718.

A antífona de Comunhão é a promessa feita por Isabel no encontro entre as duas mães nas montanhas de Jerusalém: "Feliz és tu, que acreditaste, porque se cumprirá o que te foi dito da parte do Senhor" (Lc 1,45).

A oração depois da Comunhão diz: "Alimentados, ó Deus, pelo sacramento celeste, ao celebrarmos a realeza de Maria, concedei que participemos eternamente do banquete do vosso Reino". Como vemos, trata da realeza de Maria e evoca o nosso futuro de, um dia, pela nossa vida pautada no Evangelho de Cristo, estarmos juntos com ela no Reino de Deus.

Oração

Deus de amor e de ternura, que colocaste a Virgem Mãe do vosso Filho ao lado da Santíssima Trindade como rainha do mundo, cumprindo-se nela as palavras do Salmo 44: "À vossa direita se encontra a rainha com veste esplendente de ouro de ofir", fazei com que evitemos por sua materna intercessão as ciladas do inimigo; livrai-nos das tentações do maligno e conduzi a nossa vida para a retidão do Evangelho do vosso Filho, que é, também, Filho de Maria. Ele que vive convosco na unidade do Espírito Santo. Assim seja!

8. Natividade de Nossa Senhora

8 de setembro

Sabemos que a concepção da Virgem Maria, sem o pecado original, no ventre de Sant'Ana, é celebrada no dia 8 de dezembro. Se contarmos nove meses o tempo da gestação de uma criança, chegaremos no dia 8 de setembro; por isso ser, justamente, no dia de hoje que celebramos o nascimento da Mãe de Jesus, nosso Senhor.[9]

Como quase todas as solenidades principais de Maria, também a festa da sua Natividade é de origem oriental. Quem a introduziu no Rito Romano foi o papa oriental São Sérgio I, pelos fins do século VII.

---

[9] A Liturgia, na marcação do calendário de suas memórias, festas e solenidades, leva em conta: o dado temporal (cronológico), os elementos teológicos, como também o tempo cósmico. Mas sempre tem uma razão de ser, nunca é de modo aleatório.

Esta data relembra uma basílica dedicada à Sant'Ana em Jerusalém, onde provavelmente viveram os pais de Nossa Senhora, que tinham uma descendência longínqua com o rei Davi. O nascimento da Virgem Maria mostra-nos que o coração de Deus já estava preparando a vinda do seu Filho à terra no decurso dos séculos. A pessoa divina do nosso Salvador supera infinitamente tudo o que a humanidade podia gerar, porém a história da humanidade foi preparada pelo Pai com as condições necessárias à encarnação do seu Filho. Daí a importância de celebramos, como solenidade, a Imaculada Conceição da Virgem Maria e, como festa, a sua Natividade. Assim, o Pai preparou os santos Joaquim e Ana para gerarem a Mãe do seu Filho, olhando com especial carinho para todos os seus antepassados. Crer nos preparativos da Encarnação significa acreditar na sua realidade palpável e reconhecer a necessidade da colaboração do homem na efetivação da salvação do mundo. Como sabemos, a verdadeira devoção a Maria leva sempre a Jesus.

A antífona de entrada coloca a comunidade bem inserida no mistério celebrado. Assim se expressa: "Celebremos com alegria o nascimento da Virgem Maria: por ela nos veio o sol da justiça, o Cristo, nosso Deus". É, portanto, uma convocação solene para que se celebre a natividade daquela que nos deu o autor da vida. A oração do dia vai nesta mesma linha teológica e vale a pena destacá-la: "Abri, ó Deus, para os vossos servos e servas os tesouros da vossa graça: e assim como a maternidade de Maria foi a aurora da salvação, a festa do seu nascimento aumente em nós a vossa paz".

Deus revelou, plenamente, os seus tesouros ao escolher Maria para a Mãe do seu Filho, criando-a como uma habitação que fosse digna dele. A festa do seu nascimento nos alegra, porque já é o começo da história da salvação definitiva, daí a oração usar o vocábulo "aurora" que sempre precede o Sol, o nosso Salvador.

A primeira leitura da Carta de São Paulo aos Romanos, o Salmo e o Evangelho tratam de um chamado para se cumprir uma missão. São Paulo, escrevendo aos Romanos (Rm 8,28-30), afirma que somos chamados para a salvação de acordo com o projeto de Deus, já que aqueles que o Senhor amou desde sempre, como a Virgem Maria, a quem predestinou conforme a imagem do seu Filho, como que numa corrente ascendente os predestinados são chamados; os chamados tornam-se justos e estes são glorificados.

O Salmo 12, aplicado à Mãe de Jesus, canta no versículo 6: "Uma vez que confiei no teu amor, meu coração, por teu auxílio, rejubile...". E, ainda, no Salmo 70,6, pois os dois são acoplados neste dia: "És meu apoio desde antes que eu nascesse, desde o seio maternal o meu amparo...". Vemos, claramente, que o Mistério da Concepção e da Natividade da Virgem Maria já estava escondido, com muito amor, desde toda a eternidade no coração do Pai.

O Evangelho traz a narrativa da genealogia de Jesus, a qual Maria é inserida como "o último galho frutífero" de onde nascerá o Salvador. Por isso, o nascimento da Mãe é tão honrado e celebrado como uma festa, pois este ramo da última geração, esposa de José que era descendente de Davi, garante para Jesus sua origem real quanto à humanidade. Ele foi: "gerado, não criado, consubstancial ao Pai. Nele todas as coisas foram feitas...".[10]

Portanto, as gerações mostram que Jesus, em sua humanidade, é um ser histórico e quem garantiu sua herança entre os homens foi a Virgem Maria que o concebeu pelo poder do Espírito Santo; e José, sendo homem justo, acolhe o projeto de Deus na fé. Com o nascimento da Virgem Maria, o Pai começa a cumprir as promessas que revelou pela boca dos profetas.

A Oração sobre as Oferendas e a Pós-Comunhão apresentam o mistério da Virgem Mãe em relação com o Filho, sendo que a da Comunhão ainda evoca a alegria pelo nascimento de Maria, "que foi para o mundo inteiro esperança e aurora da salvação".[11]

A festa da Natividade de Nossa Senhora nos impulsiona para uma nova esperança, neste mundo tão conturbado pelo desamor que acarreta guerras, falta de respeito, mortes, indiferença, consumismo, secularismo. Um nascimento é sempre sinal de vida nova, de algo que vai ser reconstruído. É neste sentido que a celebramos, pois Maria é a

---

[10] Credo Niceno-Constantinopolitano.

[11] Missal Romano.

porta da salvação e o seu SIM incondicional reconquistou para nós o paraíso perdido.

Oração

Ó Pai cheio de ternura, na festa de hoje abris para nós os tesouros da vossa graça, pois, celebrando o nascimento da Mãe do vosso Filho, a nossa esperança se renova e recobramos a certeza de que, mesmo diante dos frutos do pecado, com os quais ainda somos obrigados a conviver, sabemos, pela fé, que no futuro o bem vencerá e que a Mulher que hoje veneramos, protegida contra as ciladas do dragão que quis afogá-la (cf. Ap 12), também será a nossa grande advogada (intercessora) na hora das nossas tribulações. Por isso vos pedimos que nos guardeis sob a proteção dela, a Mãe do vosso Filho amado, que convosco vive e reina na unidade do Espírito Santo. Amém.

9. Nossa Senhora das Dores

15 de setembro

No dia anterior, 14 de setembro, celebramos a festa da Exaltação da Santa Cruz, que, se cair em um dos domingos do Tempo Comum, será celebrada por ser do Senhor. Esta celebração recebemos dos orientais, que festejam a Cruz de Cristo como uma solenidade comparável à da Páscoa. O imperador Constantino, filho de Santa Helena, tinha mandado construir, por volta do século IV, uma basílica no Gólgota e outra no sepulcro do Cristo Ressuscitado. A dedicação dessas basílicas se realizou em 13 de setembro de 335. Logo no dia seguinte à consagração delas, lembrava-se ao povo o significado profundo das duas igrejas, expondo, na ocasião, o que restava do lenho da Cruz do Salvador. Desde este tempo, passou-se a celebrar esta festa no dia seguinte à dedicação (14 de setembro). Tal tradição chega a Roma pelo século VII. E a Cruz do Senhor passou a ser vista como instrumento de vitória e glória, e não mais de derrota. Ela é a verdadeira árvore da vida, agora conquistada pelo novo Adão, tendo a nova Eva, a Virgem Maria, junto à Cruz no momento que padecia por cada um de nós. Desde este tempo o símbolo vitorioso da Cruz se sacralizou e hoje é colocado junto do altar para as Celebrações Eucarísticas.

Fizemos todo este preâmbulo para entendermos a importância de celebrarmos a memória litúrgica de Nossa Senhora das Dores no dia seguinte à celebração da Exaltação da Santa Cruz (15 de setembro), pois, como dissemos, ela estava lá, compadecida, sofrendo com ele e, de certo modo, como a nova Eva, obediente até o fim. Ali, foi-nos dada por Mãe, pois, quando Jesus a entrega ao apóstolo João, é à Igreja que ele doa a sua Mãe como um dos primeiros frutos da sua Paixão (cf. Jo 19,25-27).

No princípio, a devoção às dores de Maria era mais popular do que litúrgica. Foi o Papa Pio VII que introduziu na liturgia a celebração das dores de Maria; a participação dolorosa da Mãe do Salvador em sua obra de salvação. Aqui se cumpriu a profecia do velho Simeão no Templo de Jerusalém: "... E quanto a ti, uma espada vai transpassar-lhe a alma" (cf. Lc 2,33-35).

A antífona de entrada da Missa é tirada das palavras de Simeão, acima citadas. Vale a pena transcrever a Oração do Dia:

Ó Deus, quando o vosso Filho foi exaltado,
quisestes que sua Mãe estivesse de pé, junto à cruz, sofrendo com ele.
Dai a vossa Igreja, unida a Maria na paixão de Cristo, participar da
ressurreição do Senhor, que convosco vive e reina na unidade do
Espírito Santo.

Como vemos, a oração sintetiza o Mistério Pascal, colocando Maria junto ao Filho, como *corredentora* da humanidade. Afirma que Deus quis que a Mãe estivesse ao pé da Cruz *sofrendo* com ele, testemunhando que é pela Cruz que se chega à Ressurreição. Não há outro caminho.

A leitura da Carta aos Hebreus (5,7-9) atualiza e evoca a obediência de Cristo, que, de maneira direta, atinge também a de Maria. Vejamos:

Cristo, nos dias de sua vida terrestre, dirigiu preces e súplicas, com forte clamor e lágrimas, àquele que era capaz de salvá-lo da morte. E foi atendido, por causa de sua entrega a Deus. Mesmo sendo Filho, aprendeu o que significa a obediência a Deus por aquilo que ele sofreu. Mas na consumação de sua vida, tornou-se causa de salvação eterna para os que lhe obedecem.

Como vemos, o caminho da obediência é uma aprendizagem que está em processo constante, e devemos entrar por essa mesma via que Maria teve acesso pelo seu ato de acolhida ao projeto de Deus. "Eis aqui a serva do Senhor! Faça-se em mim segundo a tua palavra" (cf. Lc 1,38).

O Salmo Responsorial é o 30, o mesmo que é cantado na Sexta-feira da Paixão. Os versículos-chave para esta memória de Nossa Senhora das Dores são o 15 e o 16: "A vós, porém, ó meu Senhor, eu me confio, e afirmo que só vós sois o meu Deus! Eu entrego em vossas mãos o meu destino; libertai-me do inimigo e do opressor". Essa é uma oração pura, pois o nosso destino deverá ser sempre entregue nas mãos de Deus e ele nos livrará de todos os opressores.

Para a Missa da memória de Nossa Senhora das Dores é proposta uma Sequência[12] facultativa, pois, depois da reforma litúrgica empreendida pelo Concílio Vaticano II, só são obrigatórias as Sequências de Páscoa no Domingo da ressurreição e a Sequência de Pentecostes.

O texto é composto de vinte estrofes em formato de tercetos, que evocam a presença da Virgem Maria aos pés da cruz enquanto seu Filho pendia no madeiro e era transpassado. Esse mesmo gládio sentiu em sua alma. Apresenta, também, a sua aflição de Mãe desolada e cheia de dor. Roga à Virgem que possamos sentir a sua dor para, em solidariedade com ela, também chorar a perda do Filho amado. A Sequência demonstra que toda a Igreja deseja se compadecer junto com Maria e Jesus neste momento de dor, para com eles participar, também, da glória da ressurreição. E conclui os dois últimos tercetos com um ato de fé e esperança:

---

[12] Texto poético composto, na maioria das vezes, na Idade Média, que aprofunda, com toda beleza linguística e teológica, o Mistério celebrado. É, sempre, cantada antes do canto de Aclamação ao Evangelho, tendo a Missa uma ou duas leituras.

Que a Santa Cruz me proteja,
que eu vença a dura peleja,
possa do mal triunfar!

Vindo, ó Jesus, minha hora,
por essas dores de agora,
no céu mereça um lugar.

A antífona do Aleluia para a Aclamação ao Evangelho diz: "Feliz a Virgem Maria, que, sem passar pela morte, do martírio ganha a palma, ao pé da cruz do Senhor!". Portanto, um martírio incruento, mas bem doloroso, sentido no fundo da alma e sem poder fazer nada em defesa do Filho, a não ser estar presente e acompanhá-lo em sua dor com todo amor.

O Evangelho traz a cena da Apresentação de Jesus no Templo, já aprofundada neste compêndio, tratando da contradição que Jesus traria, da revelação dos pensamentos e da profecia da espada de dor que se cumpriu plenamente aos pés da Cruz.

A Oração sobre as Oferendas faz menção à doação de Jesus em entregar a sua Mãe para ser mãe de todos nós, quando estava de pé junto à Cruz. Já aquela que vem após o momento de Comunhão pede ao Senhor que, ao recordar as dores de Nossa Senhora, completemos também em nós o que falta à Paixão do Senhor para o bem de toda a Igreja.

Este mistério da dor da Virgem é também contemplado quando a chamamos de Soledade e Piedade. Aqui, lembramos da tradicional escultura renascentista de Miguel Ângelo, a *La Pietá*, hoje exposta na entrada da Basílica de São Pedro, em Roma, logo à direita de quem entra. Maria, com o Filho morto ao colo, com olhar compadecido acolhe a todos nós que vivemos neste vale de lágrimas, pois como dizemos na Salve-Rainha: "... A vós suspiramos, gemendo e chorando neste vale de lágrimas...".

Oração

Ó Deus de amor e bondade, a vós confiamos a nossa cruz, pois sabemos que com vosso auxílio e a proteção de Nossa Senhora das Dores seremos capazes de vencer toda tentação e todo obstáculo que possa nos separar de vós. Vinde, pois, em nosso auxílio e socorrei a nossa fraqueza, dando-nos a força para vencermos, com a Cruz do vosso Filho, as ciladas do inimigo tentador. Por nosso Senhor Jesus Cristo, que vive convosco na unidade do Espírito Santo. Amém.

10. Nossa Senhora do Rosário

7 de outubro

A memória litúrgica de Nossa Senhora do Rosário remonta à Idade Média e liga-se à vitória naval de Lepanto, na Grécia, ocorrida em 7 de outubro de 1571, que celebra a libertação dos cristãos dos ataques constantes dos turcos. Na Idade Média os vassalos tinham o costume de oferecer aos seus soberanos uma coroa de flores, em sinal de submissão. Os cristãos adotaram este costume em honra de Maria, oferecendo-lhe a tríplice "coroa de rosas" que lembra sua alegria, suas dores e sua glória pelo fato de participar nos mistérios da vida de Jesus, seu Filho. Hoje, podíamos dizer quatro coroas de flores, visto o Papa São João Paulo II ter acrescentado ao Rosário de Nossa Senhora a contemplação dos Mistérios Luminosos da vida de nosso Senhor Jesus Cristo, dos quais ela também está bem presente, sobretudo, no segundo, que trata das Bodas de Caná, em que Maria aponta seu Filho como a solução de todos os problemas: "Fazei tudo o que ele vos disser" (cf. Jo 2,5). No princípio, esta memória foi chamada de Santa Maria da Vitória, por conta dos cristãos terem vencido os turcos pela invocação da proteção da Mãe de Deus. Nesse dia, as Confrarias do Rosário celebravam uma solene procissão, e este episódio levou o Papa São Pio V a atribuir a vitória a "Maria, auxílio dos cristãos", e em 1572 fez celebrar, nesse dia, a referida festa. Depois das outras vitórias cristãs, a de Viena, em 1683, e a de Paterwaradino, em 1716, o Papa Clemente XI institucionalizou a festa do Rosário no primeiro domingo de outubro, voltando para o dia 7 de outubro com a reforma conciliar, para ser fiel à data original.

A antífona de entrada é tirada da própria Ave-Maria em Lc 1,28.42: "Ave, Maria, cheia de graça, o Senhor é convosco. Bendita sois vós entre as mulheres, e bendito é o fruto do vosso ventre".

A Oração do Dia é a mesma do *Angelus Domini*, que, por sua vez, aparece novamente no Ano Litúrgico como a Oração do Dia do Quarto Domingo do Advento, pois ela resume todos os Mistérios do Santo Rosário. Vejamos: "Derramai, ó Deus, a vossa graça em nossos corações, para que, conhecendo, pela mensagem do Anjo, a encarnação do Cristo, vosso Filho, cheguemos, por sua paixão e cruz, à glória da ressurreição *pela intercessão da Virgem Maria*".

Apenas a parte grifada é acrescida à oração, para se fazer uma manifestação mais clara da memória celebrada. Já a Oração sobre as Oferendas e a Pós-Comunhão pedem para que contemplemos dignamente os mistérios de Cristo, a fim de que alcancemos as suas promessas, como também convoca-nos para nos associarmos às dores do Senhor, a fim de participarmos de suas alegrias e glórias. Portanto, ambas sobre os mistérios contemplados no Rosário, os quais passaremos a refletir.

Mistérios da alegria ou gozosos

Aqui contemplamos os inícios da vida de nosso Senhor, da sua concepção aos primeiros anos de vida:

Primeiro Mistério: O anúncio do Anjo à Virgem Maria

Na plenitude dos tempos, Deus enviou o seu Filho nascido da mulher sob a Lei, para resgatar os que estavam sob a Lei (Gl 4,4). Nesse mistério contemplamos a cena da Anunciação do Senhor. O Anjo dirige-se a Maria como a cheia de graça, ou seja, aquela que não tem pecado. Anuncia-lhe que será a Mãe do Salvador, e ela ficou sem entender, por ser virgem. Com a explicação do Anjo e como um grande ato de fé, aceita a missão que o Pai lhe dá e diz: "Eis a serva do Senhor, faça-se em mim segundo a tua Palavra" (Lc 1,38).

Segundo Mistério: Maria visita a sua prima Isabel

Plena do Espírito Santo, o que podia Maria fazer senão *servir*. Põe-se a caminho, partindo da Galileia para a Judeia onde morava sua prima idosa e estéril, esposa do sacerdote Zacarias, que estava para dar à luz por obra de Deus, pois para ele tudo é possível. Sobe as montanhas de Jerusalém e cumprimenta Isabel; logo que a prima escuta Maria, João Batista estremece de alegria em seu ventre, e ela, cheia do Espírito Santo, exclamou: "Como pode a Mãe do meu Senhor vir me visitar?". E Maria, a serva humilde, proclama: "A minha alma engrandece o Senhor, porque foi ele quem fez grandes coisas em meu favor. É por isso que todas as gerações hão de chamar-me de bendita... Depôs os poderosos dos seus tronos e aos humildes exaltou; encheu de bens os famintos e despediu os ricos de mãos vazias... Conforme prometera a Abraão e à sua descendência para sempre". Maria já se faz porta-voz daquilo que o Filho um dia ia ensinar: "Vós não podeis servir a Deus e ao dinheiro". O Papa Francisco, em sua mensagem para a Quaresma de 2017, com relação à parábola do rico e do pobre Lázaro (Lc 16,19-31), diz:

> A parábola põe em evidência, sem piedade, as contradições em que vive o rico (cf. v. 19). Este personagem, ao contrário do pobre Lázaro, não tem um nome, é qualificado, apenas, como "rico". A sua opulência manifesta-se nas roupas, de um luxo exagerado, que usa. De fato, a púrpura era muito apreciada, mais do que a prata e o ouro, e por isso se reservava para os deuses (cf. Jr 10,9) e os reis (cf. Jz 8,26). O linho fino era um linho especial que ajudava a conferir à posição da pessoa um caráter quase sagrado. Assim, a riqueza deste homem é excessiva, inclusive porque exibia habitualmente: "Fazia todos os dias esplêndidos banquetes" (v. 19). Entrevê-se nele, dramaticamente, a corrupção do pecado, que se realiza em três momentos sucessivos: o amor ao dinheiro, a vaidade e a soberba.[13]

Como vemos, a Virgem Maria, em seu *Magnificat*, ao manifestar que os ricos foram despedidos de mãos vazias, já está evangelizando com o Filho.

Terceiro Mistério: Maria dá à luz o Filho de Deus

Aqui, contemplamos o acontecimento singular da noite de Natal do nosso Salvador (cf. Lc 2,1-14). Maria tem o seu Filho numa gruta,

---

[13] In mimeo.

em um estábulo de animais, e o coloca na manjedoura (lugar onde se alimentam). Jesus tornar-se-ia alimento para as nossas almas até a sua segunda vinda. Maria e José o acolhem com amor e com eles os pastores, excluídos da época, mas que, por estarem vigilantes no meio da noite, receberam a alegre notícia dos anjos que cantavam: "Glória a Deus nas alturas!" (cf. v. 14). E partiram, apressadamente, e no lugar indicado encontraram São José e a Mãe, com o seu filho recém-nascido reclinado no presépio. Então saíram com grande alegria espalhando a maravilhosa notícia! Este contexto faz parte do ato de evangelizar. Uma antífona da Liturgia das Horas do Ofício de Laudes (da manhã) do Natal diz: "Quem vistes Pastores, dizei-nos? Quem apareceu na terra? Vimos um recém-nascido e coros de Anjos louvando o Senhor".[14] Conclui-se que, após uma experiência de Deus, não se deve guardá-la para si, mas faz-se necessário anunciá-la aos outros. Discípulos e missionários.

Quarto Mistério: Apresentação de Jesus no Templo de Jerusalém

A cena, para ser fiel à Lei Mosaica, ocorre quarenta dias após o nascimento do Redentor. Como sabemos, a última praga do Egito foi a matança dos primogênitos e os filhos dos hebreus foram poupados porque comeram a Páscoa e marcaram suas portas com o sangue do cordeiro. Mas se fazia necessário que os primogênitos do sexo masculino fossem apresentados ao Senhor no Templo através de um resgate (um sacrifício). Depois dos quarenta dias que a mulher dava à luz também deveria ser purificada no Templo. José e Maria levaram, então, o Menino Jesus ao Templo para apresentá-lo ao Senhor e oferecerem o sacrifício dos pobres: um par de rolas ou dois pombinhos, e é neste momento que eles se deparam com o velho Simeão, homem justo que esperava a salvação de Israel. Ele, juntamente, com a viúva Ana, viviam dia e noite no Templo louvando e glorificando a Deus. Ambos sentiram que Jesus era o Salvador de Israel, e, por isso, o velho Simeão o toma nos braços e bendiz a Deus dizendo: "Agora, soberano Senhor, podeis deixar o vosso servo partir em paz, porque meus olhos viram a vossa salvação que preparastes para todos os povos. Luz para iluminar as nações e glória de Israel o seu povo"

---

[14] Liturgia das Horas do Rito Romano.

(cf. Lc 2,32). Trata, também, da espada de dor que atravessaria a alma de Maria. Ana, por sua vez, louva e bendiz a Deus por tudo o que tinha visto e ouvido. Terminado todo o ritual, votaram para Nazaré, sua cidade.[15]

Quinto Mistério: Jesus no Templo entre os doutores da Lei

Este fato aconteceu quando Jesus tinha cerca de doze anos, momento em que os pais deviam levar o Filho à Cidade Santa de Jerusalém para celebrar a festa da Páscoa que se constituía de alguns rituais. A celebração da Páscoa judaica é o memorial da libertação do Povo de Deus da escravidão do Egito através das águas do Mar Vermelho e outros inúmeros prodígios realizados por Deus através de Moisés e Aarão, até o dia em que Josué os entregou à Terra Prometida entrando por Jericó. Então, terminando tudo o que estava prescrito na Lei, seus pais voltaram em sua comitiva para a Galileia, onde fica a cidade de Nazaré. Depois de dois dias de viagem, notaram que o filho não estava na caravana; muito preocupados, retornaram para Jerusalém e o encontraram no Templo entre os doutores da Lei, ensinando e sendo interrogado por eles, pois suas palavras e seu modo de falar encantavam a todos. Ao ser repreendido por Maria e José, ele responde: "Não sabíeis que eu devia me preocupar coma as coisas do meu Pai?" (Lc 2,49). Mas voltou com eles para Nazaré e lhes era submisso. O Filho de Deus nos ensina o valor da obediência aos pais e aos mais velhos, gesto que se perdeu neste mundo moderno tão secularizado e infeliz, porque às pessoas falta colocar Jesus Cristo no centro de suas vidas.

Nesta cena, temos duas coisas importantes a meditar. A primeira, é que o casal Maria e José não divergiu entre si, ou seja, um querendo pôr a culpa no outro pelo fato de o Menino ter ficado em Jerusalém, mas, no amor e na confiança, vão procurá-lo juntos. Outro dado importante é que seus pais sabiam onde encontrá-lo, pois foram logo ao Templo, já que o conheciam e lhe haviam ensinado a importância de estar na Casa de Deus. E aí vem a pergunta atual? E os pais dos nossos dias, se perdessem um de seus filhos, saberiam onde procurá-lo? Talvez fossem para delegacias, hospitais, bares, boates, Institutos Médicos Legais (IML) etc. Mas Maria

---

[15] Este Mistério já foi amplamente refletido, quando meditamos a festa da Apresentação do Senhor.

e José não tiveram dúvida, conheciam o Filho que tinham e a educação que deram a ele; por isso, sabiam que só poderia estar no Templo.

Vamos, portanto, ensinar os nossos filhos que a Casa de Deus é o melhor e mais seguro lugar para se visitar e ficar.

Mistérios da luz ou luminosos

Como já dissemos, eles foram acrescentados ao Rosário de Nossa Senhora por São João Paulo II e fazem memória da vida pública de Jesus e de acontecimentos também importantes para a História da Salvação.

Primeiro Mistério: O Batismo de Jesus

A vida pública do Salvador se inicia com o seu Batismo no rio Jordão. Logo após ter recebido o Batismo de João, o céu se abriu e o Pai falou: "Este é o meu Filho amado: escutai-o!" (Mt 17,5). O Pai apresenta a verdadeira salvação e constitui o seu Filho como Aquele a quem se deve ouvir. A partir dali, Jesus começa a sua vida apostólica chamando os seus primeiros seguidores.

Segundo Mistério: As Bodas de Caná

Neste casamento em Caná da Galileia foram convidados Jesus, a sua Mãe e seus discípulos. Tendo faltado vinho, a Mãe de Jesus dá esta informação ao seu Filho, que se dirige a ela como "mulher", ou seja, a Nova Eva que pede ao Novo Adão para antecipar a sua hora, cuja plenitude seria na cruz. Então, Maria diz aos serventes: "Fazei o que Ele vos disser" (Jo 2,5). E continua dizendo para nós, hoje, a mesma coisa, pois esta é a sua principal função na Igreja: levar todos os seus filhos para o seu Filho. E, assim, pela intercessão da Mãe, Jesus realiza o seu primeiro milagre.

Terceiro Mistério: O anúncio do Reino de Deus e o apelo à conversão

Aqui, meditamos toda a atividade pública de nosso Senhor Jesus Cristo. Sua pregação maior é apresentar o Reino de Deus e ensinar os caminhos para encontrá-lo. Por isso que diz: "Buscai primeiro o Reino de

Deus e a sua justiça, o resto vos será acrescentado" (Mt 6,33). Ao ensinar o Pai-Nosso, também diz que venha até nós o Reino de Deus, pois ele vale muito mais do que os tesouros ou qualquer outra pedra preciosa. O primeiro passo para a conquista do Reino de Deus é a nossa conversão, por isso que, ao iniciar os seus discursos públicos, Jesus o faz com esta proposta: "Convertei-vos e crede no Evangelho" (Mc 1,15).[16]

Quarto Mistério: A Transfiguração do Senhor

Deus sempre se revela nos montes e na nuvem. Foi neste contexto que se deu a Transfiguração de nosso Senhor no Monte Tabor. Ele havia anunciado sua Paixão e Cruz, mas fazia-se necessário, também, publicar a sua glorificação diante das testemunhas escolhidas: Pedro, Tiago e João. Enquanto estava em oração, seu rosto brilhou como o sol e suas vestes ficaram brancas como a luz, e apareceram Moisés e Elias – portanto, a síntese do Primeiro Testamento –, que conversavam com Jesus. Novamente, como no Batismo de Jesus, uma nuvem os envolveu e dela se ouviu: "Este é o meu Filho muito amado, escutai-o" (Mc 9,7). Este mistério nos convoca para a escuta do Senhor. E *escutar* é diferente de simplesmente ouvir. A escuta é uma reflexão do ouvir, portanto, são acionados: o coração, o afeto, a razão e a vontade.

Quinto Mistério: Instituição da Santa Eucaristia

Na véspera de sua Paixão, Jesus quis celebrar a Páscoa com seus discípulos, dando-lhe um novo sentido; por isso dizemos que, com relação ao ritual judaico, encontramos elementos de continuidade, mas também, de ruptura. Todo o contexto litúrgico era de uma celebração judaica, mas Jesus com relação ao pão diz que a partir dali é o *SEU CORPO* e o mesmo faz com o terceiro cálice, chamado "da bênção". Aqui, ele diz que é o CÁLICE DO SEU SANGUE, DA NOVA E DEFINITIVA ALIANÇA, QUE SERÁ DERRAMADO POR MUITOS. E acrescenta que se fizesse isto em MEMÓRIA dele. O vocábulo memória, na língua hebraica, não tem o mesmo sentido que na língua portuguesa, como lembrança ou

---

[16] No atual Missal Romano de Paulo VI, é uma das fórmulas para o momento da imposição das cinzas no início da Quaresma.

comemoração, mas sim o sentido de atualização do Mistério no aqui e agora. Institui, também, neste momento, os sacerdotes da Nova Aliança para que perpetuem a presença real de Cristo nas aparências de pão e vinho até a sua segunda vinda, na Parusia.[17]

Mistérios Dolorosos

Tratam da agonia, paixão e morte de nosso Senhor Jesus Cristo. Portanto, o início do seu Mistério Pascal. Ele se torna, agora, a vítima de reconciliação para sempre entre Deus e a humanidade.

Primeiro Mistério: Agonia de Jesus no Getsêmani

Este momento da agonia do Senhor se deu logo após a Ceia, quando ele e os seus discípulos saíram do Cenáculo para o jardim do Getsêmani. Seus seguidores, inclusive os mais próximos, Pedro, Tiago e João, não foram capazes de vigiar com ele. Caíram no sono e Jesus ficou só com o Pai, e neste momento rezou: "Pai, se for possível, afasta de mim este cálice,[18] mas que não se faça a minha vontade, mas a tua" (Lc 22,42). E ali, enquanto homem, apavorou-se com o que estava para acontecer, chegando a suar sangue. Mas ficou firme por amor a cada um de nós. Obrigado, Senhor!

Segundo Mistério: A flagelação de Jesus

Ele é preso e o levam, primeiro, para a casa de Caifás. Lá passa a noite toda amarrado em um fosso (uma cisterna escura e úmida). Ao amanhecer, ele foi transferido para o tribunal de Pilatos, na Fortaleza Antônia, e ali foi despido e maltratado. Levou tantos insultos, chicotadas e bofetadas que seu rosto ficou desfigurado, como já havia afirmado o profeta Isaías (52,14), no canto do Servo de Javé; mas não abriu a boca. Como um Cordeiro inocente, fazia tudo por amor. Era as nossas dores que ele carregava; pelas suas chagas fomos curados.

---

[17] Final dos tempos.

[18] Este cálice é o quarto da ceia pascal judaica, que não foi concluída por Jesus no Cenáculo, pois este é chamado de cálice do sofrimento (da dor). Somente ele iria bebê-lo em benefício de todos.

Terceiro Mistério: A coroação de espinhos

Como sabemos, a coroa é um adorno real. Os soldados quiseram zombar dele, pois tinham ouvido dizer que ele se dizia rei dos judeus. Esses espinhos que perfuraram o crânio de nosso Senhor devem ser vistos hoje como instrumento de glória, aliás, tudo o que ele sofreu deverá ser visto nesta perspectiva. Apresentaram-lhe ao povo neste estado de sofrimento para que ele fosse exposto a chacotas e gritos da multidão. Mas Jesus, que é a verdade, estava ali sempre calado, sabendo de tudo e se entregando por amor, inclusive perdoando os seus agressores. Tal gesto deverá ser imitado por nós, os seguidores de Jesus. Sabemos que é difícil, mas só o fazemos com a graça dele.

Quarto Mistério: Jesus carrega a sua cruz

A cruz era o instrumento de morte para os grandes assassinos que o Império Romano tinha eleito. Passavam-se dias pendurado ali até o último suspiro. Como sabemos, não foi assim com Jesus, pois, sendo o Senhor da Vida, morreu quando quis. Ele escolheu a mesma hora em que os cordeiros estavam sendo abatidos no Templo e nas casas para a celebração da Páscoa judaica. Ao carregar aquele pesado patíbulo, era os nossos pecados que ele assumia em seus ombros e costas, mas mesmo assim consola a sua Mãe e as mulheres de Jerusalém; aceita ajuda de Simão Cirineu, porém sempre sem abrir a boca, fazendo tudo por nosso amor.

Quinto Mistério: Jesus morre na cruz

E houve trevas do meio-dia até a hora nona, mas a verdadeira luz voltaria a brilhar. Jesus pede água e lhe dão vinagre. Entrega sua Mãe para que João tome conta dela e, naquele momento, ela se torna a Mãe de toda a Igreja; perdoa o malfeitor arrependido e pede perdão por todos aqueles que o puseram na cruz e o maltrataram: "Pai, perdoa-lhes, pois não sabem o que fazem" (Lc 23,34). E, finalmente, citando o Salmo 30: "Pai, em tuas mãos entrego o meu Espírito" (Lc 23,46).

Mistérios Gloriosos

São os mais sugestivos de toda a contemplação do Santo Rosário, pois tratam da vitória de Cristo e de Maria sobre a morte, conquistando para nós, novamente, o paraíso que havíamos perdido pela desobediência de Adão e Eva.

Primeiro Mistério: Jesus ressuscita dos mortos

E no primeiro dia da semana, Maria Madalena e outras mulheres foram ao túmulo quando ainda estava escuro. Constataram, logo de imediato, que a pedra havia sido removida. Então, Maria correu ao encontro de Simão Pedro e do outro discípulo, aquele a quem Jesus amava, e disse: "Tiraram o Senhor do sepulcro, e não sabemos onde o colocaram!". Pedro e João correm ao túmulo. Pedro entra e constata a Ressurreição do Senhor. Vê as faixas que envolviam o corpo de Jesus no chão e o véu que cobrira a cabeça dele, dobrado em lugar à parte (cf. Jo 20,1-9). Eles, ainda, não haviam compreendido que Jesus devia ressuscitar dos mortos. As aparições posteriores do Senhor apresentando as chagas gloriosas é a prova histórica de sua Ressurreição. Aparece na tarde do terceiro dia após a sua Paixão e os discípulos o reconhecem; aparece nesse mesmo dia e hora aos discípulos de Emaús, que o reconhecem na partilha do pão; aparece oito dias depois, e Tomé confirma a sua fé; aparece, pessoalmente, a Maria Madalena, que o chama de Mestre; por sua vez, ele a envia para anunciar a sua Ressurreição. Faz, também, uma aparição particular a Pedro e, depois, no lago de Tiberíades, no dia da pesca milagrosa, comendo com os apóstolos peixe assado e pão. Ainda na despedida, no dia da sua Ascensão, orienta os discípulos a evangelizarem e batizarem o povo em nome do Pai e do Filho e do Espírito Santo. Neste Mistério, portanto, contemplamos Jesus glorioso. Com toda certeza, Jesus Ressuscitado fez uma aparição particular à sua Mãe logo no dia da Ressurreição: "Rainha do céu, alegrai-nos, aleluia, pois o Senhor que merecestes trazer em vosso seio, aleluia, ressuscitou como disse, aleluia. Rogai a Deus por nós, aleluia!".[19]

Segundo Mistério: Jesus sobe aos céus

Como nos informa a própria Oração do Dia desta solenidade, a Ascensão do Senhor já é a nossa vitória, pois nós, que somos membros

---

[19] Antífona mariana para após o Ofício de Completas, durante o Tempo Pascal, como também, durante este tempo festivo, substitui o *Angelus Domini.*

de seu corpo, somos convidados a participar de sua glória. Portanto, a nossa natureza humana já se encontra à direita do Pai na humanidade de Jesus Cristo. Neste dia, Jesus Ressuscitado faz uma grande promessa que nos consola: "Eis que estarei convosco todos os dias até o fim dos tempos" (Mt 28,20). E a nuvem o oculta até o final dos tempos, quando ele votará para julgar os vivos e os mortos; então essa mesma nuvem o desvelará. Enquanto ele não volta, a sua Mãe e nossa está ao lado dele, sendo a nossa intercessora e mediadora de muitas graças.

Terceiro Mistério: Dia de Pentecostes

O dom da Páscoa é o Espírito Santo. Diz-nos o texto de At 2,1-21 que, no dia de Pentecostes, estavam todos reunidos no mesmo lugar, inclusive a Virgem Maria, que presidiu o nascimento da Igreja; quando, então, veio um vento impetuoso formando línguas de fogo sobre as cabeças de cada um deles, que começaram, com coragem, a proclamar as maravilhas de Deus. Todos os estrangeiros, que estavam em Jerusalém para esta festa, entendiam o que os apóstolos falavam nas suas próprias línguas maternas, mostrando que com o Espírito Santo o povo volta a se entender. Isto em oposição ao episódio de Babel. É o Espírito que nos conduz à santidade, para as atitudes nobres e nos relembra, sempre, tudo que Jesus fez e disse.

Quarto Mistério: A Assunção da Virgem Maria aos céus

Já refletida em capítulo anterior, vale a pena, neste momento do nosso texto e dentro da contemplação do Santo Rosário, relembrar que, com a Ressurreição de Jesus todos são chamados ao mesmo destino: estar com ele para sempre. E, como nos diz São Paulo em 1Cor 1,15-23: "Cada um, porém, na sua ordem: primeiro Cristo, depois aqueles que pertencem a Cristo...". Aquela que mais pertence a Cristo é a sua Mãe, que o gerou para a vida humana. Portanto, apoiados neste dado e na tese dogmática e bíblica[20] de que a Virgem Maria foi concebida sem o pecado original e, sendo a morte consequência do pecado, acreditamos que ela não morreu, mas já foi elevada à glória do céu, em corpo e alma, por

---

[20] "Ave cheia de graça, o Senhor está contigo" (Lc 1,28).

um Mistério que só o Filho sabe. Lá ela refulge como rainha junto da Santíssima Trindade; ela, que é filha do Pai, mãe do Filho e esposa do Espírito Santo. A glorificação da Virgem Maria é a nossa segurança de imortalidade; ela, como a primeira; nós a seguiremos pelo nosso testemunho cotidiano e vivência constante do Evangelho.

Quinto Mistério: A Coroação da Virgem Maria nos céus

Sabemos que a coroa é um símbolo de dignidade real. Somente a realeza a ostenta sobre a cabeça. A mãe de Deus foi exaltada porque foi a humilde serva do Senhor, como vemos por todo o capítulo primeiro do Evangelho de São Lucas. Ela diz em seu *Magnificat*: "Derrubou os poderosos dos seus tronos e elevou os humildes" (Lc 1,52). A coroa que nós devemos ostentar hoje, para um dia conseguirmos a da glória – que é nos encontrar diante do Trono e do Cordeiro, vestidos de branco e com palmas na mão, proclamando: "A Salvação pertence ao nosso Deus, que se assenta no trono e ao Cordeiro!" (Ap 7,9) –, *é a nossa atitude em viver os valores do Reino: humildade, mansidão, bondade, justiça, verdade*. São com as práticas destas virtudes que a coroa será conquistada. Kurten e Santos,[21] para o momento da coroação da Virgem Maria orientam:

> Nas flores que te oferecemos está a nossa gratidão. Com elas também te entregamos, ó Mãe, o nosso coração. Aceita esta coroa, Rainha da terra e dos céus, sinal de quanto de amamos, Senhora e Mãe de Deus. [...]. Diante de Maria, coroada como nossa Rainha, nos sentimos como criança necessitada dos cuidados de tão terna e afetuosa Mãe. Queremos confiar a ela nossas vidas, nossos anseios, nossos sonhos e, de modo muito particular, nossas famílias, para que, com suas bênçãos e graças, possamos realizar plenamente a vontade do Pai, na vida de cada um de nós. Amém.

E assim concluímos a contemplação destes quatro Mistérios, desmembrados em vinte, que *constituem a nossa coroa de rosas* oferecida, como súditos fiéis, devotos e amorosos, à Mãe de Jesus e nossa, invocada com o título de Nossa Senhora do Rosário.

---

[21] KURTEN; SANTOS, op. cit., p. 101.

Oração

Ó Pai todo-poderoso, que pelo Rosário da Virgem Maria nos dais a alegria de meditar os Mistérios do vosso Filho, da sua Anunciação até à Ressurreição, inserindo, também, a glorificação da Mãe, dai-nos o verdadeiro espírito de oração para que, ao rezá-lo e contemplá-lo, a nossa mente sempre concorde com a voz e evitemos qualquer dispersão neste momento em que estamos pedindo a intercessão da Virgem por nós, vosso povo eleito. Isto vos rogamos por Jesus Cristo, vosso Filho e da Virgem Maria, que vive convosco na unidade do Espírito Santo. Amém.

11. Nossa Senhora da Conceição Aparecida

12 de outubro (Padroeira do Brasil)

Foi no ano de 1717 que nas águas do rio Paraíba, em São Paulo, foi encontrada por alguns pescadores uma imagem de Nossa Senhora da Conceição, que se tornou objeto de muita devoção do povo brasileiro. O apelido popular e amável dado à imagem é "Nossa Senhora Aparecida". Hoje, em seu Santuário Nacional, na cidade de Aparecida do Norte, veem--se milhares de testemunhos de sua proteção celestial sobre os filhos da nossa Nação brasileira. Incontáveis ex-votos estão ali recordando estes benefícios obtidos com a invocação da Mãe de Deus sob o título de Nossa Senhora Aparecida, padroeira e rainha do Brasil.

A importância da devoção mariana centraliza-se como aquela em que reside a capacidade de estabelecer uma relação com Deus, pois Maria sempre aponta para o Filho. A piedade mariana tem o seu grande valor quando é orientada para Cristo. É importante seguirmos os exemplos de Maria, rezar com ela, como no *Magnificat*; fazer o que ela fez, escutar e obedecer ao Pai, e segui-la no valor do silêncio e da discrição: "E ela guardava tudo e meditava em seu coração" (Lc 2,19).

O Missal Dominical[22] nos informa, na Introdução da Solenidade de Nossa Senhora Aparecida, que podemos comparar, também, Maria

---

[22] MISSAL DOMINICAL: missal dominical da assembleia cristã. São Paulo: Paulus, 1995.

com a Igreja. Santo Ambrósio de Milão já dizia no século IV que a Igreja se realiza de maneira exemplar em Maria. A salvação que provém de Cristo consiste na ligação dos membros com a Cabeça. A Mãe do Senhor constitui um ponto de importante referencial, pois esteve sempre unida a ele, de maneira única, tanto biologicamente como no plano espiritual, religioso e existencial. Aquele que se aproxima de Maria vai, também, criando uma estreita relação com o seu Filho, Jesus Cristo. A finalidade da vida cristã, ou seja, a meta a ser atingida, é chegarmos ao pleno convívio com o Cristo, Salvador do mundo. Maria, portanto, não é a meta, mas é o modelo e a ponte para chegarmos ao fim último e, neste sentido, ela é insubstituível.

A antífona de entrada é retirada do profeta Isaías (61,10) e diz: "Com grande alegria rejubilo-me no Senhor, e minha alma exultará no meu Deus, pois me revestiu de justiça e salvação, como a noiva ornada de suas joias". Maria atribui tudo de bom que aconteceu nela a Deus Pai, pois foi na sua ternura e bondade que a escolheu com predileção, preparando-a para ser a Mãe do Redentor.

A Oração do Dia, que transcrevemos aqui, coloca-nos bem dentro do Mistério celebrado e da relação da Imaculada Conceição com o povo brasileiro. Assim diz:

Ó Deus todo-poderoso, ao rendermos culto à Imaculada Conceição de Maria, Mãe de Deus e Senhora nossa, concedei que o povo brasileiro, fiel à sua vocação e vivendo na paz e na justiça, possa chegar um dia à pátria definitiva. Por nosso Senhor Jesus Cristo, vosso Filho, na unidade do Espírito Santo.

Tornando-se, assim, uma condição indispensável para os brasileiros conquistarem a pátria definitiva, que é o Reino de Deus, e viver na paz e na justiça. O que estamos vendo hoje no nosso país corresponde a esta vocação anunciada na Oração do Dia? A nosso ver, precisamos caminhar mais, colocando o Senhor e Maria diante dos olhos, pois, infelizmente, ainda vivemos no império da injustiça. Mas a Virgem Maria olha por nós e este é o motivo da nossa esperança.

A Primeira Leitura é extraída do livro de Ester (5,1b-2; 7,2b-3). Aqui, a rainha aparece com vestes reais, mas, sobretudo, com toda a sua beleza interior. Depois de ter rezado e feito penitência, agrada o coração do rei Xerxes, que havia repudiado a rainha Vasti. Ester vai fazer-lhe um pedido: a libertação do seu povo judeu que era perseguido por Aman e tinha conseguido do rei ordens para o extermínio de todo o Povo de Deus. O rei, encantado com a sua beleza, atende ao pedido de Ester e salva todos os judeus. Ester é, portanto, figura de Maria, a intercessora, como nas Bodas de Caná, como cada vez que a invocamos com fé.

O Salmo 44, sempre presente nas festas de Nossa Senhora, canta o encanto do verdadeiro Rei, o nosso Deus, pela beleza de Maria: recebe presentes do povo de Tiro; entra triunfalmente no palácio do rei com vestes vistosas e acompanhadas de amigas, as damas de honra: "ingressam no palácio real com cantos de festa e com grande alegria" (Sl 44,16).

A segunda lição está no livro do Apocalipse (12,1.5.13a.15-16a): o sinal da mulher vestida de sol, calçada de lua e coroada com doze estrelas. Uma mulher cosmológica, central, que está para dar à luz. O outro sinal é o do dragão de sete cabeças que deseja devorar o Filho tão logo nascesse. A mulher deu à luz seu Filho, que vai reger todas as nações com cetro de ferro e foi levado para junto de Deus. Quando o dragão se viu expulso para a terra, passou a perseguir a mulher, vomitando água para submergi-la. A terra veio em seu socorro. Essa mulher, como dissemos anteriormente, pode ser interpretada como a Igreja e a Virgem Maria, pois o mistério das duas está em perfeita relação. Aqui, devemos ficar atentos, já que o dragão passou a perseguir os descendentes da mulher.

A cena do Evangelho das Bodas de Caná (Jo 2,1-11), assim como Ester, mostra Maria intercedendo por aqueles noivos na festa de casamento. A seu pedido, o Filho antecipa a sua hora e transforma a água em vinho, mas o ápice do texto é o versículo: "Fazei tudo o que ele vos disser" (Jo 2,5).[23] A Mãe de Jesus e nossa nos mostra o único caminho para a meta, que é o próprio Jesus Cristo. E este foi o primeiro sinal que Jesus realizou, e o fez para atender ao pedido da Mãe, que ficou

---

[23] Neste livro, já citamos, intencionalmente, várias vezes este versículo, com a finalidade de dar ênfase à missão da Virgem Maria no hoje da Igreja.

preocupada com a aflição daquela família que estava oferecendo uma festa para muitos convidados. O episódio de Caná nos mostra que o Filho sempre atende a sua Mãe e que ela é a via segura para chegarmos até ele. Daí tantos devotos brasileiros e de outros países que conseguem muitas graças com a invocação do título de Nossa Senhora Aparecida.

O prefácio é o mesmo da solenidade da Imaculada Conceição, já que foi a sua imagem encontrada nas profundezas do rio Paraíba, nas águas que lembram o nosso Batismo. Podíamos até dizer: Nossa Senhora das Águas.

No prefácio é citado que Deus preparou uma digna habitação para o seu Filho, pela Imaculada Conceição da Virgem Maria. A Oração que vem após a Comunhão suplica a Deus por todo o povo, que, sob o olhar de Nossa Senhora da Conceição Aparecida, deseja irmanar-se nas tarefas de cada dia para a construção do Reino de Deus.

E dizemos, para concluir estas reflexões sobre a solenidade da Padroeira do Brasil, com o livro dos Provérbios, que também aparece como antífona de Comunhão: "Seus filhos se erguem para proclamá-la bem-aventurada. Ela se levanta antes da aurora para dar o alimento a cada um" (Pr 31,28.15). E, ainda, com o seu tradicional hino:

> Viva a Mãe de Deus e nossa,
> sem pecado concebida.
> Salve a Virgem Imaculada,
> a Senhora Aparecida!

Oração

Deus eterno e todo-poderoso, nós vos agradecemos por ter dado a Imaculada Conceição como Mãe e Padroeira do Brasil. Por intercessão dela, vos pedimos que o povo brasileiro passe a viver, de maneira mais intensa, os valores do Evangelho de vosso Filho, sobretudo, no perdão, na misericórdia, na vivência da justiça, da honestidade e da igualdade, e que os valores familiares sejam vivenciados em cada lar. Isso vos pedimos, por Jesus Cristo, vosso Filho, que vive convosco na unidade do Espírito Santo. Amém.

12. Apresentação de Nossa Senhora

21 de novembro

Assim como o Senhor foi apresentado no Templo, os pais da Virgem Maria, Joaquim e Ana, levaram-na ao sacerdote para consagrá-la ao Senhor. Desde o século IV, é uma festa muito querida no Oriente, e a partir do século XIV o Rito Romano passa a celebrá-la como uma memória obrigatória. Para os orientais, a *Theotókos* (Mãe de Deus) é o verdadeiro templo em que Deus, rejeitando o antigo culto, pôs a sua salvação. Já para nós do Ocidente, que recebemos esta tradição tendo por base o Protoevangelho de Tiago, Maria é uma prodigiosa menina que realiza uma exemplar consagração a Deus.

O novo calendário litúrgico, conservando esta memória, entendeu apontar em Maria uma figura completa que nos ajuda a exaltar a Deus por sua maravilhosa obra de salvação. Esta festa liga-se à dedicação da Igreja de Santa Maria Nova em Jerusalém, em 543.

A Oração do Dia não faz nenhuma alusão direta à apresentação de Maria, mas a invoca como intercessora. Vejamos:

Ao celebrarmos, ó Deus, a gloriosa memória da santa Virgem Maria, concedei-nos, por sua intercessão, participar da plenitude da vossa graça. Por nosso Senhor Jesus Cristo, vosso Filho, na unidade do Espírito Santo.

As leituras nos levam para o Comum de Nossa Senhora, no Lecionário Santoral, propondo, para primeira leitura, o texto do profeta Zacarias (2,14-17). O Senhor promete, através do profeta Zacarias, que vai habitar em Jerusalém, e isto é motivo de júbilo para Judá, pois muitas nações se aproximarão do Senhor naquele dia e serão o seu povo. Esta habitação definitiva se dá com a cooperação da Virgem Maria, que aceita livremente ser a Mãe de Deus encarnado que nasce em Judá.

O salmo proposto para este dia é o 88, que afirma a fidelidade de Deus de geração a geração. Aqui, também, Maria entra no projeto salvífico de salvação, pois a grande promessa do Pai é o envio do Salvador do mundo, por isso ele preparou na Virgem uma santa habitação para o seu Filho. Vale a pena meditar as antífonas e as estrofes escolhidas para a liturgia deste dia:

Antífona: *Cantarei, eternamente, a bondade do Senhor, sua fidelidade de geração a geração*[24]

1. Ó Senhor, eu cantarei eternamente o vosso amor,
de geração em geração eu cantarei vossa verdade!
Porque dissestes: o amor é garantido para sempre!
E a vossa lealdade é tão firme como os céus.

2. Eu firmei uma aliança com meu servo, meu eleito,
e eu fiz um juramento a Davi, meu servidor:
para sempre, no teu trono, firmarei tua linhagem,
de geração em geração garantirei o teu reinado!

3. Encontrei e escolhi a Davi, meu servidor,
e o ungi, para ser rei, com meu óleo consagrado.
Estará sempre com ele minha mão onipotente,
e meu braço poderoso há de ser a sua força.

4. Minha verdade e meu amor estarão sempre com ele,
sua força e seu poder por meu nome crescerão.
Ele, então, me invocará: ó Senhor, vós sois meu Pai,
sois meu Deus, sois meu Rochedo onde encontro salvação!

Como vemos, a promessa feita por Deus a Davi concretiza-se com a presença ativa da Virgem Maria, pois, sendo esposa de José, que fazia parte da última geração do rei Davi, garante também para o seu Filho, em sua humanidade, uma descendência real como anunciou o Salmo 88.

A liturgia escolhe para o Evangelho deste dia o episódio em que Jesus está no meio da multidão e sua Mãe o procura (cf. Mt 12,46-50). Alguém disse isto a Jesus. Então, ele faz o maior elogio que poderia fazer a sua Mãe. Ele diz: "'Quem é minha Mãe, e quem são meus irmãos?' E estendendo a mão para os discípulos, Jesus disse: 'Eis minha mãe e meus irmãos'. Pois todo aquele que faz a vontade do meu Pai, que está nos céus, este é meu irmão, minha irmã e minha mãe".

---

[24] Letra da antífona adaptada.

Como sabemos, foi Maria quem mais fez a vontade do Pai, a ponto de gerar em seu ventre a própria Palavra, quando respondeu ao anjo: "Eis aqui a serva do Senhor, faça-se em mim segundo a tua palavra" (Lc 1,38).

Portanto, Maria foi apresentada a Deus no Templo porque foi concebida sem pecado e será a Mãe do Salvador e de toda a Igreja. Com sua Apresentação ritual, Deus já começa a cumprir as suas promessas reveladas aos patriarcas e profetas.

Oração

Ó Deus de amor, que cumpre as vossas promessas de geração a geração; celebrando hoje, com devoção e esperança, a memória da Apresentação da Mãe do vosso Filho no Templo, dai-nos a certeza de que cumpre as vossas promessas com amor e sempre em favor do vosso povo. Por isso vos pedimos, olhai por nós, vossos filhos adotivos, pelos quais Jesus sofreu e morreu na cruz, acompanhado da Mãe que compadecia junto dele. Dai-nos a graça de evitarmos todas as tentações do inimigo para estarmos sempre em estado de graça como a Virgem Maria, a cheia de graça, para nos apresentarmos a vós com o coração purificado de toda culpa. Isto vos pedimos por Jesus Cristo, o nosso Redentor, que vive convosco na unidade do Espírito Santo. Amém.

13. Memórias de Nossa Senhora nos sábados

As memórias facultativas de Nossa Senhora nos sábados do Tempo Comum – isto porque nos tempos fortes como Advento e Natal, Quaresma e Páscoa não devem acontecer – foram introduzidas no Rito Romano a partir da piedade popular, que viu no Sábado Santo o primeiro dia em que Nossa Senhora viveu sem ter Jesus, seu Filho amado, vivo. Este dia foi considerado, também, como sábado da solidão, do deserto, da morte e do luto, já que neste dia Maria Santíssima chorou e sofreu pela ausência do seu Filho. Assim, no sábado que precedeu a Ressurreição de Jesus, a Virgem Maria viveu o mistério da dor, profetizado pelo ancião Simeão no Templo de Jerusalém: "Uma espada de dor transpassará tua alma" (Lc 2,35). É, portanto, uma continuação da dor iniciada na tarde/ noite da Sexta-feira Santa. Mas ela se manteve firme na fé, com uma esperança inabalável em seu doloroso e Imaculado Coração, aguardando a Ressurreição dele.[25]

Conforme a Exortação Apostólica *Marialis Cultus* de São Papa Paulo VI, que trata do culto à Santíssima Virgem Maria, não se pode esquecer que o calendário romano geral não registra todas as celebrações de conteúdo mariano, mas, apenas, alguns formulários eucológicos[26] para o Missal, como também textos para os lecionários a serem utilizados nas Missas Votivas[27] da Virgem Maria. Esses formulários, para as memórias facultativas de Nossa Senhora nos sábados do Tempo Comum ou naqueles (sábados) que não possuem uma celebração obrigatória, deveriam ser preparados pelas Conferências Episcopais (locais), como no caso aqui do Brasil, em que a CNBB[28] lançou dois volumes para as Missas da Virgem Maria, intitulados: *Missas de Nossa Senhora* e *Lecionário para as Missas de Nossa Senhora*, que correspondem aos títulos dados para os formulários eucológicos. Nas referências, encontra-se a citação completa desses dois compêndios.

Esses volumes se dividem conforme o Tempo Litúrgico da seguinte maneira:

Missas de Nossa Senhora[29]

Tempo do Advento

1. A Virgem Maria, Filha eleita de Israel

2. A Virgem Maria, na Anunciação do Senhor

3. A Visitação da Virgem Maria

---

[25] FREIRE, Rita de Sá. *Sábado, dia de Nossa Senhora*. Disponível em: <http://www.a12.com/santuario-nacional/formacao/detalhes/por-que-o-sabado-santo-e-dedicado-a-maria>. Acesso em: 24.03.2017.

[26] Tudo o que se refere às orações na Liturgia.

[27] O mesmo que Missas devocionais (de devoção).

[28] Conferência Nacional dos Bispos do Brasil.

[29] Vale lembrar que estas Missas devocionais, propostas pela CNBB, podem, também, ser celebradas nos tempos fortes correspondentes, sobretudo nos sábados, quando não se tem outra celebração obrigatória, ou ainda nos Santuários Marianos, ou com alguns grupos que desejam uma Missa mais temática.

Tempo do Natal

4. Santa Maria, Mãe de Deus

5. A Virgem Maria, Mãe do Salvador

6. A Virgem Maria, na Epifania do Senhor

7. A Virgem Maria, na Apresentação do Senhor

8. Nossa Senhora de Nazaré

9. Nossa Senhora em Caná

Tempo da Quaresma

10. A Virgem Maria, discípula do Senhor

11. A Virgem Maria, junto à cruz do Senhor (I)

12. A Virgem Maria, junto à cruz do Senhor (II)

13. A Virgem Maria, confiada como Mãe aos Discípulos

14. A Virgem Maria, Mãe da Reconciliação

Tempo Pascal

15. A Virgem Maria, na Ressurreição do Senhor

16. A Virgem Maria, fonte da luz e da vida

17. A Virgem Maria, no Cenáculo

18. Virgem Maria, Rainha dos Apóstolos

Tempo Comum

I Parte

Como se diz no compêndio da CNBB:[30] "Esta parte contém onze formulários para celebrar a comemoração da Mãe de Deus, sob títulos

---

[30] 2016.

tirados principalmente da Sagrada Escritura ou que mostram o nexo de Maria com a Igreja".

19. Virgem Maria, Mãe do Senhor

20. Virgem Maria, a Nova Mulher

21. O Santo Nome da Virgem Maria

22. A Virgem Maria, Serva do Senhor

23. A Virgem Maria, Templo do Senhor

24. A Virgem Maria, Sede da Sabedoria

25. Maria, Imagem e Mãe da Igreja (I)

26. Maria, Imagem e Mãe da Igreja (II)

27. Maria, Imagem e Mãe da Igreja (III)

28. Imaculado Coração de Maria (*já apresentado em capítulo anterior como uma memória obrigatória, logo no sábado seguinte à Sexta-feira da solenidade do Coração de Jesus*)

29. A Virgem Maria, Rainha do Universo

II Parte

Conforme compêndio da CNBB:[31] "Esta parte apresenta nove formulários para cultuar a memória da Mãe do Senhor, sob títulos que significam sua cooperação em fomentar a vida espiritual dos fiéis".

30. A Virgem Maria, Mãe e Medianeira da Graça

31. A Virgem Maria, Fonte da Salvação

32. A Virgem Maria, Mãe e Mestra

33. Mãe do Bom Conselho

34. A Virgem Maria, Causa da Nossa Alegria

35. Mãe, Amparo da Fé

---

[31] Cf. op. cit.

36. Maria, Mãe do Belo Amor

37. A Virgem Maria, Mãe da Santa Esperança

38. A Virgem Maria, Mãe da Unidade

III Parte

Ainda citado no compêndio da CNBB:[32] "Esta parte propõe oito formulários para celebrar a memória de Santa Maria, sob títulos que expressam sua misericórdia intercedendo em favor dos fiéis".

39. A Virgem Maria, Rainha e Mãe de Misericórdia

40. A Virgem Maria, Mãe da Divina Providência

41. A Virgem Maria, Mãe da Consolação

42. A Virgem Maria, Auxílio dos Cristãos

43. A Virgem Maria, Mãe das Mercês

44. A Virgem Maria, Saúde dos Enfermos

45. A Virgem Maria, Rainha da Paz

46. A Virgem Maria, Porta do Céu

Com o passar do tempo, os cristãos passaram a celebrar o dia de sábado com muitos atos de piedade cristã, em honra da Virgem Santíssima, tais como: recitando as Mil Ave-Marias, rezando o terço em família e o Ofício da Imaculada Conceição, que vamos aprofundá-lo no último capítulo desse livro.

Nas Aparições de Fátima, sobretudo as que ocorreram nos dias 13 de junho e 13 de julho de 1917, Nossa Senhora pede à vidente Lúcia para publicar o costume de dedicar os sábados em sua honra e rezar o terço em reparação.

Louvar e honrar Nossa Senhora, sobretudo nos sábados, vem nos recordar que a Mãe de Deus e nossa quer nos apontar a direção do seu

---

[32] Cf. op. cit.

Filho, já nos preparando para o domingo, dia da ressurreição dele, que é o Senhor dos nossos dias e de todos os outros dias da nossa vida.

O Santo Padre, o Papa Francisco, disse-nos em 1º de abril de 2015: "O Sábado Santo é o dia em que a Igreja contempla o 'repouso' de Cristo no túmulo depois do combate da cruz. Este dia, mais uma vez, se identifica com Maria. Na escuridão que envolve a criação, ela permanece só, a manter a chama da fé acesa, esperando contra toda a esperança, a Ressurreição de Cristo".

Portanto, o Sábado Santo intermedeia a Sexta-feira da Paixão e o Domingo da Páscoa, isto é, se situa entre os dias da Morte e da Ressurreição de Jesus. Tal ocasião foi vivida pela Virgem Maria com esperançosa expectativa: ela permaneceu confiante, mantendo viva no coração a chama da fé na Ressurreição, acreditando que aquele que morreu na Cruz e foi sepultado não permaneceria na morte. Portanto, a sexta-feira do sofrimento se transforma em sábado de esperança. A Virgem nos ensina a crer e esperar, assim, não apenas no Sábado Santo, mas em todos os sábados de nossa vida, sendo sempre um dia de esperança cristã: o dia da memória da Virgem Mãe da Esperança; dia que nos prepara para a celebração dominical, a nossa Páscoa semanal.

Quando as memórias e festas se tornam solenidades

Antes da Reforma do Concílio Vaticano II, as celebrações litúrgicas eram divididas como: festas de Primeira, Segunda e Terceira classes. Com a Reforma Conciliar, passaram se chamar memórias (obrigatórias ou facultativas), festas e solenidades. Veremos a distinção de cada uma delas:

Memória

Este tipo é a forma mais simples e singela de celebração, pois consta de, apenas, uma menção ao santo celebrado, realizada da seguinte maneira: na Liturgia das Horas, durante o Ofício das Leituras, acrescenta-se como segunda lição um texto da Patrística, dos Papas ou Concílios da Igreja que tenha relação com a temática da memória celebrada. As Laudes (Oração da Manhã) e Vésperas (Oração da Tarde) são as feriais dos dias comuns, podendo ser acrescentada uma leitura própria ou do Comum dos Santos, com seu responso breve correspondente. As Horas Menores ou a Hora Média (que engloba as três Horas Menores) e as Completas, oração que conclui o dia litúrgico, continuam sem nenhuma mudança. Na Celebração Eucarística, os cânticos poderão estar de acordo com a vida do santo, mas as leituras são as mesmas propostas no Lecionário Ferial (ou Semanal). O que muda são as três principais orações, que deverão ser as propostas para a memória ou retiradas do Comum dos Santos, se todas as orações não estiverem presentes no Formulário Próprio. São elas: a Oração do Dia, a Oração sobre as Ofertas e a Oração Pós-Comunhão. Não devemos esquecer que no Tempo da Quaresma todas as memórias se tornam facultativas. Na parte destinada ao Comum dos Santos, logo após o Comum da Dedicação das Igrejas, em que se considera uma celebração do Senhor, vem o Comum de Nossa Senhora, tanto no que se refere às orações como às leituras.

Com o *Novo Lecionário para as Missas de Nossa Senhora*, publicado pela CNBB no ano de 2016, as memórias da Mãe de Jesus passam a ser enriquecidas com estas leituras, que foram escolhidas conforme o Mistério e a Temática proposta no compêndio para *Missas de Nossa Senhora*, publicado neste mesmo ano pela CNBB. Estas Missas poderão ser celebradas nas memórias dos sábados do Tempo Comum, ou em outra ocasião necessária em que se queira evocar a proteção da Virgem Maria, sobretudo, nos Santuários Marianos. Contudo, deve-se ter sempre o cuidado de preservar os Tempos Fortes, sobretudo a celebração dominical.

Festa

A festa é um pouco mais solene que a memória. Na Liturgia das Horas, acrescenta-se no final do Ofício das Leituras o canto do *Te Deum* (A vós, ó Deus, nós louvamos...) e se proclama o Evangelho do Dia, que é seguido, imediatamente, por uma aclamação festiva (cantada), geralmente, trinitária. Possui Laudes e Vésperas próprias com antífonas, salmos, leituras e responsos breves inspirados na temática da festa celebrada. A Hora Meridiana também possui antífonas, salmos, leituras e versículos próprios.

Na Celebração Eucarística, os cânticos devem estar em consonância com a festa, como também com as lições que serão proclamadas. Deve-se entoar o canto do Glória e a divisão das leituras segue a regra das memórias: uma leitura antes do Evangelho com o Salmo Responsorial, que responde aos apelos da referida Leitura, seguido do canto de Aclamação ao Evangelho, geralmente um Aleluia, acompanhado de uma antífona retirada da própria perícope lida no dia. Atenção: se for Tempo da Quaresma, não se canta o Aleluia, que é substituído por um refrão ou antífona cristocêntrica, como, por exemplo: "Louvor e glória a ti, Senhor, Cristo, Palavra de Deus, Cristo, Palavra de Deus".

Solenidade

Celebra-se como se fosse o próprio domingo, ou seja, possui Primeiras Vésperas. A Liturgia das Horas, assim como nas Missas celebradas no dia anterior, fazem parte da solenidade. Algumas delas possuem uma Missa da Vigília para ser celebrada na tarde da véspera, como, por exemplo: a solenidade da Natividade de São João Batista; o Domingo de Pentecostes; a solenidade dos Apóstolos Pedro e Paulo, em 29 de junho ou no domingo seguinte, como acontece no Brasil; a Assunção de Nossa Senhora, que é a sua maior solenidade, e o próprio Natal do Senhor, que possui quatro formulários para as Missas, tanto no que se refere às leituras como às orações. São elas: A Missa da Vigília (para a tarde do dia 24 de dezembro); a Missa da Noite (para a noite de Natal, após o pôr do sol; geralmente aqui no Brasil, nos últimos tempos tem sido antecipada e começam a ser celebradas a partir das 19 horas). Muitas paróquias, o que é louvável, ainda permanecem com o costume de celebrá-la à meia-noite, como a Missa do Galo. A Missa da Aurora, para as primeiras horas do Dia de Natal (devendo ser celebrada na madrugada até o raiar do dia) e a Missa do Dia, que se celebra, geralmente, das 8 horas até à noite do dia de Natal.

A Liturgia das Horas possui as mesmas características da festa: com todos os textos próprios: hinos, antífonas, salmos, leituras breves, responsos e orações próprias.

Já para a Missa, acrescentam-se, além do canto do Glória, que já faz parte da comemoração de uma festa, a Profissão de Fé e a Bênção Final solene com tríplice invocação, à qual, ao final de cada uma, a Assembleia sempre responde, cantando ou falando, "amém".

Estas são, portanto, as diferenças entre as maneiras de se celebrar na atual Liturgia Romana, renovada pelo Concílio Vaticano II: uma memória, uma festa e uma solenidade.

Vale lembrar que, mesmo uma memória de Nossa Senhora ou de outro Santo do calendário, se poderá tornar uma festa ou solenidade para determinada comunidade, desde que seja a sua Padroeira ou Padroeiro, como ainda no caso dos fundadores de Ordens Religiosas.

Com estas considerações, passaremos a refletir sobre a riqueza da piedosa oração popular do Ofício da Imaculada Conceição, que será o assunto do próximo capítulo.

O Ofício da Imaculada Conceição

O Povo de Deus e a tradição popular já consagraram o Ofício da Imaculada Conceição como a sua principal oração devocional. É uma súplica laudativa[1] popular que se tornou muito conhecida no Brasil, com a presença de simbologias e significados bem profundos, os quais nos remetem à fé mariana das origens da Igreja Católica. Sendo assim, vale a pena conhecê-lo e meditar o significado de suas principais invocações, que nos levam ao coração das Sagradas Escrituras e da Tradição da Igreja.

Começando pela Sagrada Escritura. Aí se escuta o Anjo Gabriel dirigir-se à Virgem com as seguintes palavras: "Ave, cheia de graça..." (Lc 1,28). Nesse "cheia de graça", a Igreja entendeu todo o mistério do Dogma da Imaculada Conceição de Maria, pois quem está cheia da graça de Deus é porque nunca pecou nem pecará jamais. Se assim é agraciada, mesmo antes de Jesus ter vindo ao mundo, é porque desde sempre, é toda pura, bela e sem mácula. Deus preparou a Mãe adequada para o seu Filho, que foi concebido pelo Espírito Santo (cf. Lc 1,35), sem a participação de varão, que transmitiria ao Filho o pecado da origem. Por isso, Nossa Senhora é a verdadeira esposa do Espírito de Deus. Desde os primeiros séculos, a Igreja prega esta verdade. Nos séculos VII e VIII apareceram alguns hinos e celebrações em vários conventos do Oriente em honra à Imaculada Conceição. Em 8 de dezembro de 1854, o Papa Pio IX declarava o dogma de fé, a doutrina que a Igreja ensinava ter sido a Mãe de Deus concebida sem a mancha do pecado original por um especial privilégio divino. Na Bula *Ineffabilis Deus*, o papa diz:

> Nós declaramos, decretamos e definimos que a doutrina segundo a qual, por uma graça e um especial privilégio de Deus Todo-Poderoso e em virtude dos méritos de Jesus Cristo, salvador do gênero humano, a bem-aventurada Virgem Maria foi preservada de toda a mancha do pecado original no primeiro instante de sua concepção, foi revelada

---

[1] O mesmo que "de louvor".

por Deus e deve, por conseguinte, ser crida firmemente e constantemente por todos os fiéis.

Mas já bem antes da proclamação do Dogma celebrava-se a festa da Imaculada Conceição, que foi incluída no Calendário Romano em 1476. Em 1570, o Papa Pio V publicou o novo Ofício e, em 1708, o Papa Clemente XI estendeu a festa a toda a cristandade, tornando-a obrigatória.[2]

O Ofício da Imaculada Conceição também foi enriquecido pelo Papa Pio IX, que em 31 de março de 1876 concedeu indulgências cada vez que ele fosse cantado ou recitado.

É interessante notar que o Ofício está dividido com o nome das antigas horas canônicas do Breviário, agora chamado de Liturgia das Horas. Em alguns mosteiros e mesmo no atual livro de orações da Igreja se preserva a mesma nomenclatura. Lembrando que a *hora prima*, da nova Liturgia das Horas *foi abolida* pelo Concílio Vaticano II, mas continua no Ofício da Imaculada Conceição. O que se chama de Matinas hoje corresponde ao Ofício das Leituras, que poderá ser rezado a qualquer hora do dia.

Ofício da Imaculada Conceição e comentários

Matinas e Laudes

Deus vos salve Virgem, Filha de Deus Pai!
Deus vos salve Virgem, Mãe de Deus Filho!
Deus vos salve Virgem, Esposa do Espírito Santo!
Deus vos salve Virgem, Templo e Sacrário da Santíssima Trindade!

Como se vê, o Ofício se inicia com uma saudação solene, em que pedimos ao próprio Deus um *salve* à Virgem Maria, que é sua Filha,

---

[2] Disponível em: <http://cleofas.com.br/a-historia-da-imaculada-conceicao/>. Acesso em: 29.03.17.

Mãe de seu Filho e esposa do Espírito Santo, sendo assim a verdadeira habitação da Santíssima Trindade.

Agora, lábios meus, dizei e anunciai
os grandes louvores da Virgem Mãe de Deus.
Sede em meu favor, Virgem Soberana,
livrai-me do inimigo com o vosso valor.
Glória seja ao Pai, ao Filho e ao Amor também,
que é um só Deus em Pessoas três,
agora e sempre e sem fim. Amém.[3]

O Ofício começa com o advérbio de tempo *agora*, que indica o começo da ação, mas também o vemos como uma palavra de conclusão que comemora os favores recebidos pela gratidão da Mãe de Deus que é nossa Mãe também. Lembremos o *agora* pronunciado pelo velho Simeão, quando Jesus foi apresentado no Templo de Jerusalém, quarenta dias após o seu nascimento, como prescrevia a Lei Mosaica: "Agora, Senhor, podes deixar o teu servo partir em paz..." (Lc 2,29).

Imploramos, ainda, nestes versos, a proteção de Maria contra os inimigos; o maior deles o demônio, que deseja, sempre, nos afastar de Deus. A invocação trinitária mostra que Maria está em íntima relação com as Três Pessoas de Deus, sobretudo com o Filho.

Hino

Deus vos salve Virgem, Senhora do mundo,
Rainha dos céus e das virgens, Virgem.
Estrela da manhã, Deus vos salve, cheia de graça divina,
formosa e louçã.
Daí pressa, Senhora, em favor do mundo,
pois vos reconhece como defensora.

---

[3] Essa parte em destaque se repete em todas as horas (momentos) do Ofício da Imaculada Conceição.

Deus vos nomeou desde a eternidade
para a Mãe do Verbo, com o qual criou:
terra, mar e céus, e vos escolheu,
quando Adão pecou, por esposa de Deus.
Deus vos escolheu, e já muito antes
e, seu tabernáculo morada lhe deu.
Ouvi, Mãe de Deus, minha oração.
Toquem vosso peito os clamores meus.[4]

Todas as línguas e gerações proclamam a Virgem Maria como a *Senhora do Mundo*. É como se fossemos seus súditos universais. O livro do Êxodo (15,20-21) lembra que Maria (ou Míriam), irmã de Moisés, foi guia das mulheres. Esta Maria já era a figura da Santíssima Virgem que também se chamou Maria, mestra e senhora que nos guia para o outro lado, não mais do Mar Vermelho, mas para o céu. Sendo Mãe de Deus, ele lhe confere o domínio do mundo, portanto, a *Senhora do mundo*.

Estrela da Manhã é um título dado pelos antigos que acreditam que cada ser humano nascia sob a proteção de uma estrela. Maria é, portanto, esta estrela. Considerada Estrela da Manhã porque foi ela quem precedeu a vinda do Sol Nascente, nosso Senhor Jesus Cristo, seu Filho. Seu brilho vence ao das outras estrelas, porque ela é cheia de graça, concebida sem pecado. O Papa Francisco, na Exortação Apostólica *Evangelii Gaudium*, declarou-a *Estrela da Nova Evangelização*.

É a Ave *cheia de graça divina* porque, como vimos anteriormente, o próprio Anjo Gabriel assim declarou: "Ave cheia de graça, o Senhor é contigo" (Lc 1,28). Como Maria possui a plenitude da graça, ela é a nossa intercessora segura junto do Pai.

Nossa Senhora, pela graça divina, *é formosa e louçã*, ou seja, aquela que tem muita beleza, sobretudo, a interior. Vive com garbo e

---

[4] Essa parte, em destaque, sempre finaliza todos os hinos do Ofício da Imaculada Conceição.

elegância discreta. Ela, também, é a *defensora do mundo*, pois defende--nos das investidas do inimigo. Foi escolhida desde toda a eternidade para ser a *Mãe do Verbo*. Ouvimos no primeiro capítulo do Evangelho de São João: "No princípio era o Verbo, e o Verbo estava com Deus e o Verbo era Deus. No princípio, ele estava com Deus. Tudo foi feito por meio dele e sem ele nada foi feito" (Jo 1,1-3). E, ainda, em Cl 1,15-17: "Ele é a imagem do Deus invisível, o primogênito de toda criatura, porque nele foram criadas todas as coisas, nos céus e na terra, as visíveis e as invisíveis. Tronos, soberanias, principados, potestades, autoridades, tudo foi criado por ele e para ele. Ele é antes de tudo e tudo nele subsiste". Se o Verbo se encarnou, precisou de uma Mãe que lhe desse à luz permanecendo virgem. Esta Mãe é digna dele, logo, antecipadamente recebeu todos os privilégios que Deus lhe concedeu, acolhendo as honras que comporta a sua condição.

Na quinta estrofe do hino temos a expressão *Esposa de Deus*. Maria é virgem e concebeu pelo Espírito de Deus; portanto, sua verdadeira esposa. Diz ainda respeito à relação de Maria com a Igreja, que aparece amplamente nas reflexões dos Santos Padres como: São Clemente de Alexandria, Santo Ambrósio, Santo Agostinho, São Leão Magno e outros. O discípulo de São Bernardo de Claraval, Isaac de Estela, dizia: "Ambas mães, ambas virgens, ambas concebem por obra do Espírito Santo [...]. Maria [...] gerou ao Corpo a sua cabeça; a Igreja [...] dá a esta Cabeça o seu corpo. Uma e outra são mães de Cristo, mas nenhuma delas o gera todo inteiro sem a outra". Por isso que, tanto nas Escrituras como na Sagrada Liturgia, aquilo que se diz da Igreja se estende igualmente à Virgem Mãe Maria.[5]

Oração

Santa Maria, Rainha dos céus, Mãe de nosso Senhor Jesus Cristo,
Senhora do mundo, que a nenhum pecador desamparais nem

---

[5] Cf. A PROFUNDIDADE TEOLÓGICA DO OFÍCIO DA IMACULADA CONCEIÇÃO. Disponível em: <http://vashonorabile.blogspot.com.br/p/aprofundidade-teologica-do-oficio--da.html>. Acesso em: 29.03.2017.

desprezais; ponde, Senhora, em mim os olhos de Vossa piedade e alcançai-me de Vosso amado Filho o perdão de todos os meus pecados, para que eu que agora venero com devoção Vossa santa e Imaculada Conceição, mereça na outra vida alcançar o prêmio da bem-aventurança, por mercê do Vosso benditíssimo Filho, Jesus Cristo, nosso Senhor, que, com o Pai e o Espírito Santo, vive e reina para sempre. Amém.[6]

É uma oração de súplica a nossa Mãe e Rainha dos céus. Pedimos para que ela nos conceda de seu Filho o perdão de todos os nossos pecados, pois veneramos com piedade a sua santa e Imaculada Conceição. A maior dádiva de Deus é estarmos, sempre, em estado de graça e, neste aspecto, a Virgem Maria vigia conosco.

Prima

Hino

Deus vos salve, mesa para Deus ornada,
coluna sagrada de grande firmeza.
Casa dedicada a Deus sempiterno,
sempre preservada virgem do pecado.
Antes que nascida, fostes, Virgem santa,
no ventre ditoso de Ana concebida.
Sois Mãe criadora dos mortais viventes.
Sois dos Santos porta, dos Anjos, Senhora.
Sois forte esquadrão contra o inimigo,
estrela de Jacó, refúgio do cristão.
A Virgem criou Deus no Espírito Santo,
e todas as suas obras com elas as ornou.
Ouvi, Mãe de Deus, minha oração.
Toquem vosso peito os clamores meus.

---

[6] Esta oração, também, repete-se em todas as horas (momentos) do Ofício da Imaculada Conceição.

A primeira estrofe do hino traz duas metáforas bem significativas para o seu contexto e do próprio Ofício como um todo: *mesa para Deus ornada, coluna sagrada de grande firmeza*. Estas expressões referem-se à passagem que encontramos no livro dos Provérbios 9,1-2: "A sabedoria edificou para si uma casa, levantou sete colunas... e dispôs sua mesa". São Bernardo, ao comentar este texto, diz que a Sabedoria é o próprio Deus que edificou para si uma casa que foi a sua própria Mãe, na qual ergueu sete colunas que são as virtudes teologais e cardeais: fé, esperança, caridade, justiça, temperança, fortaleza e firmeza.

A expressão *Mãe criadora*, do sétimo verso do hino de Prima, lembra-nos de que Maria é a nova Eva. Do mesmo modo que Cristo é o novo Adão. O paralelismo entre Eva e Maria foi construído já no segundo século pelos santos Justino e Irineu: a velha Eva que também era virgem preferiu ouvir a voz da serpente e caiu no pecado; a nova Eva, Maria, a Virgem que soube ouvir a Palavra de Deus, gerando no seu ventre o próprio Filho do Altíssimo. A nova Eva trouxe-nos a paz, a esperança, o perdão, a alegria e, sobretudo, a graça de sermos salvos. É por isso que a chamamos de *Mãe da Nova Criação*. Esta Mãe foi entregue a toda Igreja pelo seu Filho. O documento de Puebla, n. 290, diz: "Enquanto peregrinamos, Maria será a Mãe e a educadora da fé. Ela cuida que o Evangelho nos penetre intimamente, plasme nossa vida de cada dia e produza em nós frutos de santidade".

Também neste hino encontramos a expressão: "Sois dos santos porta!". Uma das invocações da ladainha de Nossa Senhora é esta: "Porta do Céu!". A figura da porta já é dita por Jesus no Evangelho: "Eu sou a porta das ovelhas" (Jo 10,9). Os Padres da Igreja aplicaram este título à Virgem Maria para esclarecer a sua função de nova Eva, pois intercede sempre em favor dos fiéis. Esta Eva venceu, com humildade, o orgulho da primeira mulher, abrindo-nos a porta da eternidade ao aceitar ser a Mãe do Salvador. Esta porta havia sido fechada pela antiga Eva, que se deixou seduzir pelo mal. Uma antiga antífona da Liturgia das Horas para a solenidade da Imaculada Conceição nos afirma: "As portas do paraíso que Eva fechou foram abertas por ti, Virgem Maria". Maria é, portanto, a porta cheia de luz, pela qual Cristo, Luz do Mundo, chega até nós.

Maria é *dos Anjos Senhora* porque recebe a visita de um Anjo que se curva para ela. Já no Antigo Testamento era uma grande honra para os seres humanos a aparição dos seres angélicos. O Anjo Gabriel reverenciou Maria porque esta tinha a plenitude da graça e da intimidade com Deus, sendo, assim, a *Senhora dos Anjos*.

Invocada como *Estrela de Jacó*, lembra-nos o texto de Nm 24,17: "Eu vejo, mas não agora, eu o contemplo, mas não de perto: um astro procedente de Jacó se torna chefe, um cetro se levanta procedente de Israel. E esmaga as têmporas de Moab...". A *estrela de Jacó* é Maria, que descende deste grande patriarca. E Jesus é o cetro que se levantou de Israel e feriu todos os capitães de Moab, ou seja, o mal e a morte, dando-nos a vitória.

Maria Santíssima, que pelo dogma da sua Assunção aos céus reina gloriosa nos tabernáculos eternos, como também está presente, misteriosamente, na terra, mostrando-nos o caminho da Verdade, que é seu próprio Filho, é o *refúgio dos cristãos* porque os fiéis até os dias de hoje buscam o seu socorro e intercessão, sobretudo, nos momentos de cruz. A história nos conta que o Papa Pio VII, falecido em 1823, foi arrancado da Sé de Pedro pela violência das armas e detido em estreita prisão. Nessa ocasião, toda a Igreja erguia preces a Deus pela intercessão da Virgem Maria. Aconteceu, então, inesperadamente, a libertação do Sumo Pontífice e a sua volta para Roma em 24 de maio de 1814, sendo-lhe restituído o trono pontifício. Por isso o Papa Pio VII decretou que se celebrasse para sempre em Roma, no dia 24 de maio, uma festa em honra de Maria, auxílio dos cristãos. Daí a tradição de São João Bosco e de toda família Salesiana com a invocação de Nossa Senhora Auxiliadora.

A penúltima estrofe desse hino canta: "A Virgem, a criou Deus no Espírito Santo e todas as suas obras com elas as ornou". Como já meditamos, tudo foi feito pelo Verbo e sem ele nada foi feito. Mas, também, nada se fez sem a contribuição do Espírito Santo, que é o amor do Pai e do Filho. Aquele mesmo Espírito, segundo o livro do Gênesis, que pairava sobre as águas, fecundando-as, já preparava o mais belo ornamento de todas as obras: a Virgem Maria.

Oração *(conforme apresentada anteriormente)*

Terça

Hino

Deus vos salve, trono do grão Salomão,
Arca do Concerto, velo de Gedeão.
Íris do céu clara, sarça da visão,
favo de sansão, florescente vara.
A qual escolheu para ser Mãe sua,
e de vós nasceu o Filho de Deus.
Assim vos livrou da culpa original,
de nenhum pecado há em vós sinal.
Vós que habitais lá nessas alturas,
e tendes vosso trono sobre as nuvens puras.
Ouvi, Mãe de Deus, minha oração.
Toquem vosso peito os clamores meus.

Do *Trono de Salomão*, diz a Sagrada Escritura (1Rs 10,18-20), que nunca se fez coisa tão preciosa pelos reinos do mundo. Tal trono era de marfim e revestido de ouro puríssimo, com seis degraus e sustentado por duas mãos. Maria é considerada o verdadeiro Trono de Salomão no sentido metafórico, por ser a Mãe do Rei Pacífico, Jesus, da descendência de Salomão. O trono de marfim representa a sua pureza e inocência e as duas mãos que o sustentam representam as duas naturezas de Cristo: a humana e a divina, ambas em íntima conexão com Maria.

A expressão *Arca do Concerto* é o mesmo que dizer Arca da Aliança (*Faederis Arca*), também presente na ladainha de Nossa Senhora. No livro do Êxodo (25,10-16) temos a descrição da Arca da Aliança, que seria o lugar onde se guardaria a Torá (a Lei de Deus), aliança feita no Monte Sinai. Diz o texto:

> Faça uma arca de madeira de acácia com um metro e dez centímetros de comprimento, setenta centímetros de largura e setenta centímetros de altura. Revista-a de ouro puro, por dentro e por fora, e faça uma

moldura de ouro ao seu redor. Mande fundir quatro argolas de ouro para ela e prenda-as em seus quatro pés, com duas argolas de um lado e duas do outro. Depois faça varas de madeira de acácia, revista-as de ouro e coloque-as nas argolas laterais da arca, para que possa ser carregada. As varas permanecerão nas argolas da arca; não devem ser retiradas. Então coloque dentro da arca as tábuas da aliança que lhe darei.

A Arca da Aliança era conservada e venerada no Templo de Salomão, coberta por fora e por dentro de ouro fino, contendo as tábuas da Lei promulgada no Sinai. Conservava-se ali, também, um vaso que continha um pouco do maná que alimentou o Povo de Deus no deserto. A brancura do maná lembra-nos a pureza e virgindade de Maria, dotada de todas as graças. Ela é a Arca da Nova Aliança, pois gerou e guardou em seu ventre o Salvador da humanidade e, ainda, o tem no coração eternamente, oferecendo-o a todos os descendentes de Adão e Eva. Ela, portanto, deu ao mundo Jesus Cristo, que é o verdadeiro Maná, o Pão da Vida descido do céu.

Ainda na primeira estrofe do hino da Terça, Maria é invocada como *velo de Gedeão*. O que significa? Para entendermos esta figura bíblica temos que evocar o livro dos Juízes 6,36-40:

> E disse Gedeão a Deus: "Se hás de livrar a Israel por minha mão, como disseste, eis que eu porei um velo de lã na eira; se o orvalho estiver somente no velo, e toda a terra ficar seca, então conhecerei que hás de livrar a Israel por minha mão, como disseste". E assim sucedeu; porque no outro dia se levantou de madrugada, e apertou o velo; e do orvalho que espremeu do velo, encheu uma taça de água. E disse Gedeão a Deus: "Não se acenda contra mim a tua ira, se ainda falar só esta vez; rogo-te que só esta vez faça a prova com o velo; rogo-te que só o velo fique seco, e em toda a terra haja o orvalho". E Deus assim fez naquela noite; pois só o velo ficou seco, e sobre toda a terra havia orvalho.

O *velo de Gedeão* é símbolo de muitos mistérios, mas, sobretudo, de Maria Imaculada. Como vimos no texto acima, querendo Gedeão esclarecer a respeito da milagrosa aparição que tivera, deixou do lado de fora de sua casa, durante a noite, o velo de um carneiro,[7] verificando, pela manhã, que o relento caíra sobre o velo, enquanto tudo ao redor estava seco. Tendo intercedido, novamente, a Deus para fazer a mesma prova, na noite seguinte repetiu-a e, dessa vez, o velo estava seco e toda a terra coberta de orvalho.

Com este milagre, Gedeão ficou sabendo que seria eleito para vencer os inimigos do seu povo ao final de sete anos de muita opressão. São Bernardo de Claraval comenta que o velo simboliza Maria, que, única, foi concebida sem pecado original e, por primeira, recebeu a graça de Jesus que iria se espalhar pelo mundo. A Igreja reconhece no velo recoberto de orvalho uma figura do Mistério da Encarnação do Verbo Divino no seio puro da Virgem Maria, dizendo: "Senhor, quando nasceste de modo inefável da Virgem, cumpriram-se as Escrituras que diziam: desceste como orvalho no velo a fim de salvar o gênero humano". E São Bernardo ainda diz: "Tu és, ó Maria, o terreno umedecido, impregnado de celeste orvalho".

Em Gn 9,8-17, quando Deus faz as pazes com a humanidade depois do Dilúvio, deixou um símbolo importantíssimo como sinal de sua aliança e união de paz: o arco-íris. No Novo Testamento, nos oferece um novo símbolo, como verdadeiro traço de união: a Virgem Maria, Rainha da Paz. O arco-íris possui sete cores, Maria tem os sete dons do Espírito Santo. Como dizem os Padres da Igreja: "O arco-íris foi o sinal da aliança depois do Dilúvio; Maria foi o sinal da aliança depois do pecado". Daí o título de *Íris do céu clara*.

Ainda na segunda estrofe, a expressão *sarça da visão* liga-se ao texto de Ex 3,1-6, quando Deus se revelou a Moisés através da visão da sarça que queimava sem se consumir. Maria Imaculada, como a sarça que ardia sem se consumir, deu à luz seu Filho sem perder o privilégio da virgindade. Na solenidade de Santa Maria Mãe de Deus, celebrada no dia 1º de janeiro, temos na Liturgia das Horas uma antífona que faz esta mesma comparação. "São Gregório de Nissa diz: 'Não é porventura um grande milagre ver uma virgem que se torna mãe sem deixar de ser virgem?'". E São Bernardo acrescenta: "O que podia designar a sarça

---

[7] Couro de carneiro com a lã.

que ardia e não se consumia a não ser a Virgem que deu à luz sem sentir dores do parto?". E a liturgia bizantina ainda canta: "Como a sarça que não se consome ardendo, assim a Virgem deu à luz. Cristo, com o fogo da sua divindade, não fez arder a criatura na qual se encarnou, antes conservou intacta a sua virgindade".

A simbologia do *favo de Sansão* provém do texto bíblico do livro dos Juízes (14,5-9). Conta-nos este texto que, viajando Sansão com seus pais para a casa de sua noiva, ao se aproximarem das vinhas da cidade, apareceu um leão novo, feroz, que rugia fortemente e avançou contra Sansão. O Espírito do Senhor apossou-se de Sansão e ele despedaçou o leão como se fosse um cordeiro, sem arma alguma na mão. Ele não disse nada sobre o ocorrido aos seus pais. Quando voltaram, alguns dias depois, Sansão afastou-se do caminho para ver o cadáver do leão, e eis que a boca do mesmo estava com um enxame de abelhas e um favo de mel. Tomou nas mãos e ia comendo pelo caminho, também comeram com ele os seus pais. Assim como dentro da boca de uma fera se encontrou um favo, também no seio da humanidade, não tão humana e corrompida pelo pecado, encontrou-se Maria. E assim como, no seio da morte (no cadáver do leão), se encontrou a vida (o enxame de abelhas), assim também dentro da humanidade pecadora achou-se Maria, concebida sem pecado. Maria, humilde e laboriosa abelha que nos preparou o favo muito doce que é Jesus, o qual saboreamos em cada Eucaristia que participamos. Como vimos na abertura do capítulo quarto, aqui também lembramos de uma das estrofes do canto do *Exultet* ou Precônio Pascal, que a Igreja canta para anunciar a Ressurreição de Jesus. Lá diz: "Cera virgem de abelha generosa, ao Cristo ressurgido trouxe a luz. Eis de novo a coluna luminosa que o vosso povo para o céu conduz". Vemos neste trecho do *Exultet* que a *cera virgem é Maria*, a abelha humilde e trabalhadora encontrada, figurativamente, na boca do leão cadáver. Ela nos dá o mais doce mel: Jesus Cristo ressuscitado. O favo de Sansão já anunciava estas realidades. O círio, que representa Jesus Cristo Ressuscitado, antigamente era feito somente de cera de abelha e, agora, é a nova coluna de fogo que nos conduz para a Terra Prometida do céu, na eternidade. No Êxodo, era a nuvem que se tornava coluna de fogo enquanto conduzia o Povo de Deus rumo à Terra Prometida onde corre leite e mel, Israel.

Outra invocação mariana que encontramos neste hino da Terça é *florescente vara*. Também aqui temos um apoio bíblico para explicar esta simbologia. No livro dos Números (17,16-26) e no profeta Isaías (11,1-2) vemos que a escolha de Aarão foi feita da seguinte forma: Deus mandou que um homem (varão) de cada tribo de Israel colocasse uma vara junto do tabernáculo e a vara do escolhido floresceria. Foi o que aconteceu com a vara de Aarão, em que apareceram botões, depois flores e frutos, sem prejudicar o seu frescor. Essa vara, diz São Bernardo, o grande cantor e poeta da Virgem Maria, era uma figura dela mesma, que floresceu sem raízes e sem a seiva da natureza, pois se tornou fecunda e deu à luz Jesus sem a mínima alteração de sua pureza virginal; à maneira da vara de Aarão, que nada perdia de sua verde folhagem, produzindo flores e frutos. Na profecia de Isaías lemos que "um ramo brotará da raiz de Jessé". Ora, Jessé foi o pai de Davi, e o pai de José, esposo da Virgem Maria, também se chamava Jessé. Jesus era chamado de Filho de Davi por ser seu descendente. Maria é este ramo que floresce quando dela nasce Jesus.

Oração (conforme apresentada anteriormente)

Sexta

Hino

Deus vos salve, Virgem, da Trindade templo,
alegria dos Anjos, da pureza exemplo.
Que alegrais os tristes com vossa clemência,
horto de deleite, palma de paciência.
Sois terra bendita e sacerdotal.
sois de castidade símbolo real.
Cidade do Altíssimo, porta oriental,
sois a mesma graça, Virgem singular.
Qual lírio cheiroso, entre espinhos duros,
tal sois vós, Senhora, entre as criaturas.
Ouvi, Mãe de Deus, minha oração.
Toquem vosso peito os clamores meus.

A santa Virgem Maria, por especial razão, é *Templo da Trindade*, pois carregou em seu seio o próprio Filho de Deus, tendo guardado e meditado em seu coração a Palavra de Deus (Lc 2,16-17). Maria é o Templo santo construído pelo Senhor, um lugar singular da sua glória. Templo do Pai, do Filho e do Espírito Santo. Diz São Gregório: "És esplendor de luz, ó Maria, no sublime reino espiritual! Em ti, o Pai, que é sem princípio e cuja potência te cobriu, é *glorificado*. Em ti que carregaste segundo à carne é *adorado*. Em ti o Espírito Santo, que operou nas tuas entranhas a geração e o nascimento do grande Rei, *é celebrado*. É graças a ti, ó cheia de graça, que a Trindade Santa e consubstancial pôde ser conhecida no mundo".[8]

A expressão *horto de deleite* remonta ao livro do Gênesis (2,8-15). O horto na terra do Éden, que significa "delícia", tinha a virtude de produzir, sem o auxílio do homem, os mais deliciosos frutos e a mais linda vegetação. A abundância fervilhava naquele jardim. É um símbolo de Maria que, sendo virgem, também é Mãe. É São João Damasceno, o grande defensor dos ícones, que diz: "Tu és o Horto espiritual, mais santo e mais divino que o antigo, pois este foi a morada de Adão e tu foste o paraíso daquele que desceu do céu para habitar em ti".

Nossa Senhora vence o demônio, os poderes do grande dragão (cf. Ap 12). Suporta angústias e sofrimentos na sua missão de Mãe do Redentor. Com toda justiça se dá à Maria o título de *palma da vitória*, sendo nosso modelo para vencermos as tentações. Por analogia, Maria é comparada também à resistente palmeira que os ventos não conseguem derrubar. Ela estava lá de pé, junto à cruz do Filho com toda a *paciência*, suportando a sua maior dor.

O terreno do paraíso terrestre era virgem, não lavrado por mãos humanas, sendo, no entanto, fértil, porque era obra de Deus; produzia palmas, flores e frutos, símbolos das virtudes, e não dava nenhum espinho (figura do pecado). Era, portanto, uma *Terra Santa*, como Maria. Da filha desta Terra Bendita, nasceu o Salvador, sumo sacerdote. Maria dá a luz um sacerdote que já nasce com esta unção para sempre. "Tu és sacerdote eternamente segundo a ordem do rei Melquisedec" (Sl 109,4b). Conclui-se

---

[8] Nesta citação de São Gregório, os destaques são nossos.

que a Virgem Maria é *Terra Bendita e Sacerdotal*, porque gera o Sumo Sacerdote sem precisar de nenhum ritual para torná-lo com esta prerrogativa.

Na quarta estrofe, Maria é comparada à *cidade do Altíssimo*, em uma verdadeira alusão à cidade de Jerusalém, que teve a honra de ser preferida para a construção do Templo, onde Jesus haveria de ensinar. Maria, que já foi comparada ao Templo, agora se compara com Jerusalém, a Cidade Santa. Aliás, ela é a verdadeira Jerusalém. É a glória de Sião, monte que se situa em Jerusalém no extremo norte, onde hoje se encontra o Cenáculo e o Mosteiro da Dormição, lugar em que, segundo a tradição, a Virgem Maria teria sido elevada aos céus em corpo e alma.

A figura da *porta oriental* – que abria a cada sete dias para os sacrifícios e holocaustos, recepcionando, também, os sacerdotes e o príncipe, que entraria pelo caminho do vestíbulo da porta, provém do texto de Ezequiel (46,1-3). Abrir-se-á, ainda, no primeiro dia de cada mês, ou seja, no início da lua nova, já que o calendário judaico é lunar e os meses começam com o primeiro dia da lua nova. O povo todo fará a sua adoração diante daquela porta. Maria é a porta oriental de onde saiu o Sol da Justiça; é a porta que se abre ao pecador, pela misericórdia. A porta se abrirá e não se fechará mais. O povo se aproximará sem medo e adorará o Senhor, glorificando a sua santa Mãe.

O livro do Cântico dos cânticos (2,1-2) afirma: "Eu sou a rosa dos campos de Sarom; sou o lírio dos vales. Como um lírio entre os espinhos, assim é a minha amada entre as outras mulheres". É daqui que vem a expressão do hino da Sexta: *lírio cheiroso entre os espinhos*. O lírio é uma flor que sempre foi vista como símbolo da pureza, da beleza e do encanto pelo seu perfume. Dentre as flores, é a que mais se pode comparar a Maria.

Oração *(conforme apresentada anteriormente)*

Noa

Hino

> Deus vos salve, Cidade, de torres guarnecida,
> de Davi, com armas bem fortalecidas.

De suma caridade sempre abrasada,
do dragão a força foi por vós prostrada.
Ó mulher tão forte! Ó invicta Judite!
Vós que alentastes o sumo Davi.
Do Egito o curador, de Raquel nasceu,
do mundo o Salvador Maria no-lo deu.
Toda é formosa minha companheira,
nela não há mácula da culpa primeira.
Ouvi, Mãe de Deus, minha oração.
Toquem vosso peito os clamores meus.

Em 2Sm 5,9 e Ct 4,4, há referência a uma das muitas torres que Davi mandou fazer na cidade de Sião. A Virgem é apresentada como uma fortaleza que vence os inimigos. Para isso eram construídas as torres, para proteger a cidade. Daí o título: *Cidade, de torres guarnecida, de Davi.* Maria Santíssima é uma torre tão bem edificada que venceu as investidas do demônio e nos dá esta força cada vez que a invocamos com fé.

O verso *do dragão a força foi por vós prostrada* encontra o seu fundamento na relação entre Mulher e Dragão apresentada na Sagrada Escritura. Após o pecado dos primeiros pais, quando Deus amaldiçoou a serpente, ele anunciou que a descendência da Mulher haveria de esmagar-lhe a cabeça (Gn 3,15); por isso que na imagem de Nossa Senhora da Conceição vemos a serpente debaixo dos seus pés. Trazendo ao mundo o Salvador, ela deu início à vitória do bem sobre o mal. Em Ap 12, como já vimos, a Mulher luta contra o Dragão que arrastava um terço das estrelas do céu, mas vence-o. Seu Filho nasce e é arrebatado para junto do Pai, e a Mulher foi protegida pela terra, pois o Dragão queria submergi-la. Este Dragão continua lutando contra os descendentes da mulher, que somos todos nós. Decorre daqui a nossa constante vigilância para não cairmos em tentação e pecarmos. Vencemos as investidas do Dragão com Maria lutando conosco, pois nunca cairá, já que Deus lhe deu as asas da águia que, segundo os Padres da Igreja, são a adoração e a contemplação, as duas armas que nos livrarão do pecado.

O livro dos Provérbios descreve com muita beleza o elogio da *mulher forte* que trabalha sempre. Vejamos:

Uma esposa exemplar; feliz quem a encontrar! É muito mais valiosa
que os rubis.
Seu marido tem plena confiança nela
e nunca lhe falta coisa alguma.
Ela só lhe faz o bem, e nunca o mal,
todos os dias da sua vida.
Escolhe a lã e o linho
e com prazer trabalha com as mãos.
Como os navios mercantes,
ela traz de longe as suas provisões.
Antes de clarear o dia ela se levanta,
prepara comida para todos os de casa
e dá tarefas às suas servas.
Ela avalia um campo e o compra;
com o que ganha planta uma vinha.
Entrega-se com vontade ao seu trabalho;
seus braços são fortes e vigorosos.
Administra bem o seu comércio lucrativo,
e a sua lâmpada fica acesa durante a noite.
Nas mãos segura o fuso
e com os dedos pega a roca.
Acolhe os necessitados
e estende as mãos aos pobres.
Não teme por seus familiares quando chega a neve,
pois todos eles vestem agasalhos.
Faz cobertas para a sua cama;
veste-se de linho fino e de púrpura.
Seu marido é respeitado

na porta da cidade,
onde toma assento
entre as autoridades da sua terra.
Ela faz vestes de linho e as vende,
e fornece cintos aos comerciantes.
Reveste-se de força e dignidade;
sorri diante do futuro.
Fala com sabedoria
e ensina com amor.
Cuida dos negócios de sua casa
e não dá lugar à preguiça.
Seus filhos se levantam e a elogiam;
seu marido também a elogia, dizendo:
"Muitas mulheres são exemplares,
mas você a todas supera".
A beleza é enganosa,
e a formosura é passageira;
mas a mulher que teme o Senhor
será elogiada.
Que ela receba a recompensa merecida,
e as suas obras sejam elogiadas
à porta da cidade (Provérbios 31,10-31).

A Virgem Maria é esta mulher forte que trabalhou no seu lar e, com certeza, juntamente com o Filho Divino, aprendeu com José a arte da carpintaria. É a perfeita dona de casa, corajosa e solícita, numa total doação. Ela foi a *Mulher forte* que conheceu a pobreza e o sofrimento, a fuga e o exílio. É modelo para aqueles que não aceitam com paciência e resignação as vicissitudes da vida, as situações adversas na vida pessoal e social. "Maria é o exemplo para a mulher contemporânea, desejosa de participar com poder de decisão nas opções da comunidade".[9]

---

[9]   PAULO VI. Exortação Apostólica *Marialis Cultus*, n. 37.

Judite, em seu livro, é chamada de "Libertadora de Betúlia"; à semelhança do livro de Ester, que é a heroína libertadora do seu povo. O general Holofernes, enviado com 132 mil homens pelo rei da Assíria, Nabucodonosor, para invadir a Ásia ocidental, acampa em Betúlia, sitiando a cidade. Judite, seduzindo o general inimigo, cortou-lhe a cabeça depois de embriagá-lo; leva Judite, então, este troféu de guerra e exibe-o a seu povo em Betúlia (cf. Jd 8,4-8; 15,8-10). Esta é a aplicação à figura de Maria que nos liberta de Satanás, por isso chamada de "Invicta Judite". A Igreja exalta Maria com as mesmas palavras com que os hebreus festejaram o triunfo desta mulher corajosa e de fé que, arriscando a vida, cortou a cabeça do general inimigo e assim salvou o seu povo: "Tu és a glória de Jerusalém, és a alegria de Israel, a honra do nosso povo!" (Jd 15,10b). Este texto é cantado como antífona de Nossa Senhora em suas Missas Solenes.

Na história de Davi se conta que ele, estando já velho, mandou que procurassem uma jovem esposa para cuidar dele. Procuraram por todo Israel e trouxeram-lhe uma bela jovem chamada Abisag de Sunan, que o serviu e se tornou sua esposa, mas permaneceu virgem (cf. 1Rs 1,1-4). Assim como a virgem esposa de Davi, Abisag de Susan, que *alentou o rei Davi*, a Virgem Maria tornou-se a esposa virginal de Deus e acalentou um descendente de Davi, o seu Filho, Jesus Cristo, devotando-lhe todos os cuidados de Mãe solícita.

O paralelismo entre Maria e Raquel também ocorre neste hino da Noa. Narra o livro do Gênesis que, certo dia, Raquel chegou com os rebanhos de seu pai Labão, para apascentá-los. Quando Jacó a viu e sabendo que era sua prima-irmã e que aqueles rebanhos pertenciam ao seu tio Labão, ajudou Raquel a levantar a pedra do poço para dar de beber ao rebanho. Raquel era bonita e simpática. Jacó, sentindo-se atraído por Raquel, propõe a Labão que lhe serviria sete anos para ter a sua segunda filha, Raquel. Por ser bela e de temperamento ameno, tornou-se figura da formosa e mansa Virgem Maria. Jacó amou profundamente Raquel, e esta ternura de ambos nunca enfraqueceu (cf. Gn 29,15-30; 37; 39; 41,37-57). Mas temos, também, um paralelismo perfeito entre José do Egito e nosso Senhor Jesus Cristo: o que há de mais significativo é que Raquel foi a mãe de José, o qual foi vendido por seus irmãos e levado para o Egito. Essa venda, como sabemos, proporcionou depois a salvação do Egito, e o Faraó o declarou salvador do mundo. Jesus foi vendido por Judas aos judeus, e esta venda operou a salvação de nossas almas. José perdoou, alimentou com o trigo, enriqueceu e salvou os seus irmãos da morte. Jesus também perdoou do alto da cruz e continua perdoando pelo sacramento da Reconciliação; alimenta com a Eucaristia e nos enriquece com a sua graça e dons do Divino Espírito Santo. Por fim, Jesus é o Salvador do mundo e vencedor do pecado e da morte. "Do Egito o curador de Raquel nasceu, do mundo o Salvador Maria no-lo deu".[10]

Oração (conforme apresentada anteriormente)

Vésperas

Hino

Deus vos salve, relógio que, andando atrasado,
serviu de sinal ao Verbo encarnado.
Para que o homem suba às sumas alturas,
desce Deus dos céus para as criaturas.
Com os raios claros do Sol da Justiça,
resplandece a Virgem, dando ao sol cobiça.
Sois lírio formoso que cheiro respira,
entre os espinhos, da serpente, a ira.
Vós a quebrantais com o vosso poder.
Os cegos errados vós alumiais.
Fizestes nascer Sol tão fecundo,
e como com nuvens cobristes o mundo.
Ouvi, Mãe de Deus, minha oração.
Toquem vosso peito os clamores meus.

O episódio bíblico referido aqui é o da cura obtida pelo rei Ezequias por intervenção do profeta Isaías. Quando este anunciou ao rei que ficaria curado, ele não quis acreditar sem antes ver um sinal do céu que

---

[10] Op. cit., 2017.

confirmasse as palavras do Profeta. Isaías então disse que a sombra do sol, com a qual se marcavam as horas no relógio solar, haveria de atrasar dez graus, como se as horas do dia voltassem atrás. Para entendermos a semelhança que há entre esse relógio e Maria Santíssima, temos de ler a estrofe seguinte: "Para que o homem suba às sumas alturas, desce Deus dos céus para as criaturas". Como vemos, esta estrofe fala da descida de Deus até junto das criaturas. O Verbo se humilhou, tomando a forma de Servo (Fl 2,7), quando se encarnou no seio de Maria (*Kénosis*);[11] o sol que retrocede representa o Cristo que se rebaixa, fazendo-se homem. Então, *Maria é comparada ao relógio, no qual se realiza essa aniquilação do Sol divino. O relógio que andando atrasado...* também se pode comparar com o recuo das sombras do pecado que não ofuscou nem contaminou a integridade de Maria desde a sua concepção imaculada.

A nós, que muitas vezes erramos o caminho, cegos pelas ilusões do mundo, Nossa Senhora nos aponta aquele que é o "Caminho, a Verdade e a Vida" (Jo 14,6), dizendo-nos, como nas Bodas de Caná: "Fazei tudo o que ele vos disser" (Jo 2,5). *Os cegos errados vós alumiais*, isto porque ela nos mostra Jesus Cristo, a verdadeira luz do mundo que cura as nossas cegueiras, como curou o cego de nascença e se apresentou como *luz* (cf. Jo 9,8-40).

Cristo, a *luz* do mundo, é o Sol da Justiça anunciado por Zacarias, pai de João Batista, como o Sol nascente que nos veio visitar (cf. Lc 1,78b). Diariamente, a Igreja recorda este Mistério, quando canta o Cântico Evangélico de Zacarias, o *Benedictus*, na conclusão do Ofício de Laudes ou Oração da Manhã. Santo Epifânio disse que "Maria é a Mãe da Luz, da Luz que ilumina os próprios Serafins; da Luz que ilumina os últimos confins da terra; da Luz que disse Eu sou a Luz do mundo; da Luz que iluminou todas as coisas que estão no céu e na terra". Deus prometeu pelo profeta Malaquias: "Para vós que temeis, o meu nome brilhará o Sol da Justiça" (Ml 3,20). Este Sol é o Cristo Salvador, que fez Maria resplandecer com sua Luz, pois ele é a Luz do mundo (Jo 8,12). Por isso, São João viu Maria no Apocalipse como "uma mulher vestida de sol" (cf. Ap 12).[12] Portanto, ó Maria, tu *fizestes nascer Sol tão fecundo*.

---

[11] Rebaixamento do Verbo.

[12] Como vimos anteriormente, esta mulher também é comparada com a Igreja, que é sempre figura da Virgem Maria.

Diz-nos o livro do Eclesiástico 24,6: "À semelhança de uma névoa, eu cobri toda a terra". Esta nuvem é um símbolo de Maria:

a) Porque cobriu a miséria e a nudez dos homens com a sua misericórdia e graça;

b) Porque aquece o nosso desânimo, tornando-nos fervorosos;

c) Porque assim como, quando vem a névoa e sopra o vento norte, desaparece o gelo e os rigores do vento sul, ficando a terra fecunda, assim também, por Maria, que atrai o Espírito Santo, dissolve-se o gelo e quebra a dureza do nosso coração, tornando-o fecundo.[13]

Oração (conforme apresentada anteriormente)

Completas

Hino

Deus vos salve, Virgem Mãe Imaculada,
rainha de clemência, de estrelas coroada.
Vós sobre os Anjos sois purificada.
De Deus, à mão direita, estais de ouro ornada.
Por vós, Mãe da Graça, mereçamos ver
a Deus nas alturas, com todo prazer.
Pois sois esperança dos pobres errantes
e seguro porto aos navegantes.
Estrela do mar e saúde certa,
e porta que estais para o céu aberta.
É óleo derramado, Virgem, vosso nome,
e os vossos servos vos hão sempre amados.
Ouvi, Mãe de Deus, minha oração.
Toquem vosso peito os clamores meus.

Rainha de clemência é uma invocação que já se encontra na Salve-Rainha. Este título deseja celebrar a generosidade de Maria que, tendo sido

---

[13] Cf. Op. cit., 2017.

elevada aos céus, realiza a figura da rainha Ester (Est 4,17). Assim como Ester, ela agora roga, sem cessar, ao seu Filho para a salvação do seu povo, aqueles devotos que invocam o seu socorro nos momentos de tribulações. A Virgem Maria é, portanto, uma rainha clemente que conhece, profundamente, a misericórdia de Deus, acolhendo todos aqueles que junto dela se refugiam.

A expressão *de estrelas coroada*, também, é um dado do capítulo 12 do livro do Apocalipse, como vimos com a Mulher vestida de sol. Lá ela aparece com uma coroa de doze estrelas que representam as doze tribos de Israel e os doze Apóstolos do Cordeiro, o seu Filho. A liturgia aplica esse texto à Assunção de Maria, na qual é manifestado o destino do corpo que é santificado pela graça. O Documento de Puebla diz: "No corpo glorioso de Maria, começa a criação material a ter parte no corpo ressuscitado de Cristo. Maria é a integridade humana, corpo e alma, que agora reina intercedendo pelos homens, peregrinos na história".[14]

No Salmo 44, composto para celebrar as núpcias do rei, encontramos a descrição de um cortejo, como vimos no capítulo que tratou da Assunção de Nossa Senhora. Esse cortejo é formado pelas princesas que os monarcas possuíam. *A rainha, que traja vestes douradas e está à direita do rei, simboliza Maria*, que, "ao lado do Rei dos séculos, resplandece como Rainha e intercede como Mãe".[15]

O título *Mãe da graça*, de certo modo, já desenvolvemos nestas nossas linhas, isto porque foi assim saudada pelo Anjo Gabriel, como aquela que tem a plenitude da graça. Mas ainda vale lembrar que Maria Santíssima é Mãe e medianeira da graça porque Deus Pai a fez Mãe do Redentor, trazendo em suas entranhas a própria Graça, o Deus verdadeiro.

Nossa Senhora é, também, apresentada, neste hino de Completas, como o *seguro porto dos navegantes*. Diante das tempestades do mundo moderno, Maria é a *vida, doçura e esperança nossa*, como se diz na Salve-Rainha. Santo Afonso já afirmava que a devoção a Maria é sinal seguro de salvação, e, também, que um verdadeiro devoto da Mãe de Deus não se perde, pois a Virgem Maria alcança tudo junto de seu Filho

---

[14] Documento de Puebla, n. 298.

[15] PAULO VI. Exortação Apostólica *Marialis Cultus*, n. 6.

em favor dos que a invocam. Portanto, ela é o *porto seguro* para todos nós que navegamos nestes mares incertos da vida, pois a nossa única certeza é que, um dia, passaremos deste tempo cronológico para a eternidade de Deus, isto se pautarmos a nossa vida conforme a sua santa vontade, como nos ensinou o Filho e sua Mãe.

Santo Tomás de Aquino explica o título de Nossa Senhora como *estrela do mar* (*stella maris*) da seguinte maneira:

> Assim como por meio da estrela do mar os navegantes são orientados para o porto, assim os cristãos por meio de Maria são conduzidos para a glória. E é, precisamente, este o significado do nome Maria: Senhora do mar. O mar poderá ser entendido como a nossa vida cujas saudades lembram as distâncias do Porto, cujas vaidades crescem e se desmancham como as ondas; cujo tédio às vezes cansa e desanima como as calmarias; cujas tentações sacodem e abalam como os ventos fortes. Maria é a *Estrela do Mar*, pois, quando aparece, tranquiliza a nossa saudade, acalma todas as nossas ondas, suaviza o nosso viver com a doce aragem do seu carinho materno, diminui as tentações e desmancha as nuvens da tempestade.

Vemos, através desta linguagem metafórica, o modo que São Tomás, poeticamente, apresenta a Mãe de Deus como a segurança dos navegantes, dos caminheiros e peregrinos. Lembramos todos da música sacra: "Maria, Mãe dos caminhantes, ensina-nos a caminhar, nós somos todos viandantes, mas é preciso sempre andar".[16] Andar sob a proteção da nossa Mãe do céu, pois ela é o caminho seguro, orientado e certo para o verdadeiro destino de todo ser humano: participar das alegrias do Reino do Pai.

A salvação de Deus atinge o homem todo, corpo, alma, espírito, vontade, intelecto. Por esta salvação, conquistada por Jesus Cristo, a condição do homem muda inteiramente: a opressão se converte em liberdade, a ignorância em conhecimento da Verdade, a aflição em alegria, a morte em vida, a escravidão do pecado em participação da natureza divina. Mas, enquanto caminha neste mundo, o homem ainda sofre, na fé, as consequên-

---

[16] In mimeo.

cias do pecado: dor, tristeza, velhice, doenças, morte. Jesus se apresenta como o Salvador do mundo e "médico" dos corpos e das almas. Nos dias de sua vida mortal, cheio de amor misericordioso, curou muitos doentes, libertando-os muitas vezes também das chagas do pecado (cf. Mt 9,2-8; Jo 5,1-14). Também a Santíssima Virgem, como Mãe do Salvador e nossa, vem em socorro de seus filhos aflitos. Jesus mesmo diz no Evangelho das Bem-Aventuranças: "Bem-aventurados os aflitos, porque serão consolados" (Mt 5,4). Este consolo vem do Filho e da Mãe. Por isso, os enfermos acorrem a ela, vão muitas vezes aos seus santuários para obter saúde por sua intercessão, como vemos em Lourdes, Aparecida, Fátima e também em outros lugares. Nos santuários marianos encontramos muitos testemunhos dos enfermos atribuídos a Mãe de Cristo. Na Ladainha de Nossa Senhora, ela também é invocada como *saúde dos enfermos*.

Por fim, a invocação de *óleo derramado* é uma imagem tirada do livro do Cântico dos Cânticos 1,2: "Teu nome é como óleo escorrendo". O óleo tem as propriedades de alimentar, curar, fortalecer, perfumar; portanto, os que invocam o nome de Maria com confiança recebem em si todas estas funções do óleo.

> Maria é o óleo que Jesus, Bom Samaritano, derramou em nossas feridas. O óleo que apaga o fogo na pedra e o alimenta na madeira. Assim procede Maria com nosso coração que, quando tornado pedra pelo fogo das paixões, sente que se apaga esse fogo com o nome da Mãe de Deus; e quando arde no amor divino, sente crescer esse ardor no óleo deste mesmo nome. Ainda se diz: o vosso nome, ó Maria, escrito e pronunciado, ou somente imaginado, mantém, alenta, restaura, ilumina e alegra.[17]

Oração (conforme apresentada anteriormente)

Oferecimento

> Humildes, oferecemos a vós, Virgem pia,
> estas orações, porque em nossa guia,
> vades vós adiante, e na agonia
> vós nos animeis, ó doce Mãe Maria. Amém.

---

[17] Op. cit., 2017.

Oferecemos a Imaculada Conceição o canto de seu Ofício com toda a humildade e fé, pois assim ela olhará para nós com grande amor e conseguirá do seu Filho tudo aquilo de que necessitamos, sobretudo o dom do amor, do perdão, da unidade e do testemunho cristão.

Observa-se em todo o Ofício, tanto na sua abertura como na introdução dos hinos, a presença da expressão: "Deus vos salve!". Aprendemos, aqui, que é o próprio Deus quem saúda a criatura mais perfeita de toda a sua obra. Ele a quis como a Mãe do seu Filho e a preparou com todo carinho desde sua concepção, conservando-a imune de toda culpa e plena de graça. Por isso é que Deus dá um "Salve" à sua Filha Predileta.

Outro aspecto interessante é que os hinos das horas mais importantes do Ofício, Laudes e Vésperas, como também aquele que o conclui, possuem sete estrofes. Sabemos que o número sete nos lembra da perfeição e da plenitude, pois é a união do humano com o divino. Segundo a Filosofia Pré-Socrática (naturalista), o mundo imanente[18] provém dos quatro elementos-base da matéria: a água, o fogo, a terra e o ar, que se unem ao transcendente através das Três Pessoas da Santíssima Trindade, formando assim a plenitude do ser. Ainda encontramos dados bíblicos com relação ao número sete: sete dons do Espírito Santo; sete Igrejas do Apocalipse. Também no *Catecismo da Igreja Católica* (CIC), há a presença dos sete sacramentos, que têm sua fundamentação nos dados da Sagrada Escritura.

A grande mudança de texto se dá, sobretudo, nos hinos, com a vasta escolha de vocabulário teológico e expressões bíblicas. Estes hinos são refletidos pelos Padres da Igreja e aplicados à Virgem Maria. Estes termos enriquecem grandemente todo o Ofício da Imaculada Conceição, tornando-o belo, singelo e laudativo.[19]

Ainda podemos fazer certa relação dos Títulos Messiânicos aplicados a Jesus e cantados como Antífonas do *Magnificat* (Cântico de Maria), na Semana Santa do Natal: de 17 a 23 de dezembro, com os Títulos de Nossa Senhora do Ofício da Imaculada Conceição:

---

[18] Mundo material, percebido pelos sentidos.

[19] De louvor.

Títulos messiânicos	Títulos de Nossa Senhora
Ó *Sabedoria*, que saístes da boca do Altíssimo... (Eclo 24,3; Sb 8,1; Pr 4,11; Is 40,14.28; Cl 1,15-12)	Senhora do Mundo
	Estrela da Manhã
	Ave Cheia de Graça Divina
Ó *Adonai*, guia da casa de Israel... (Ex 3,1-2; 6,2-3.6; 13.31; 20,1-21)	Formosa e Louçã
	Defensora do Mundo
Ó *Raiz de Jessé*, ó estandarte... (Is 11,1.10; 35,4; 52,15)	Esposa de Deus
	Mesa para Deus Ornada (a Sabedoria edificou sua mesa... [Pr 9,1-2])
Ó *Chave de Davi*, cetro da casa de Israel... (Ap 3,7; Sl 107[106],14)	Coluna Sagrada de Grande Firmeza
	Mãe Criadora
Ó *Sol Nascente*, resplendor da luz eterna... (Gn 1,1-3; Is 9,1)	Dos Santos Porta
	Dos Anjos Senhora
Ó *Rei das Nações*, desejado dos povos... (Jz 9,8-15)	Refúgio dos Cristãos
	Trono de Salomão
Ó *Emanuel*, Deus Conosco... (Hb 1,2b)	Arca do Concerto (da Aliança)
	Velo de Gedeão
	Íris do Céu Clara
	Sarça da Visão
	Favo de Sansão
	Florescente Vara
	Templo da Trindade
	Horto de Deleite
	Cidade do Altíssimo
	Porta Oriental
	Lírio Cheiroso entre os Espinhos
	Cidade de Torres Guarnecidas
	Força Contra o Dragão
	Mulher Forte
	Invicta Judite
	Alento do Rei Davi
	Relógio que Andando Atrasado
	Alumiais os Cegos Errantes
	Névoa que Cobre a Terra
	Rainha de Clemência
	De Estrelas Coroada
	De Ouro Ornada à Direita de Deus
	Mãe da Graça
	Esperança dos Pobres Errantes
	Porto dos Navegantes
	Estrela do Mar
	Saúde Certa dos Enfermos
	Porta Aberta para o Céu
	Óleo Derramado

Todos os títulos de Nossa Senhora do Ofício da Imaculada Conceição estão intimamente ligados aos do seu Filho, Deus e Senhor dos senhores; mas também Deus e Homem, Filho da Virgem Maria, a Senhora da Esperança e a Medianeira de todas as Graças.

Reflexões finais

Ao final de um Retiro Espiritual, o nosso pregador nos entregou um texto que muito me tocou; posso até dizer que me levou a aprofundar o coração misericordioso do Pai. Como nos diz a Virgem Maria no final no *Magnificat*: "... Recordando da sua misericórdia...".

Não poderia concluir este meu texto sobre a Mãe do nosso Redentor, o modelo de santidade, sem deixar de citá-lo na íntegra, porque ele nos ajudará com certeza a sermos mais santos e a procurar o Senhor no sacramento da Reconciliação com entusiasmo e otimismo. Segue-o:[1]

Ama-me como és

Conheço a tua miséria, as lutas e tribulações de tua alma; a debilidade e as doenças do teu corpo; conheço a tua covardia, teus pecados e fraquezas... e apesar de tudo te digo: dá-me o teu coração. Ama-me como és.

Se para dar-me o teu amor espera ser um anjo, nunca chegarás a amar-me. Mesmo que caias muitas vezes nessas faltas que gostarias de não cometer jamais, e sejas um(a) covarde para praticar a virtude, não te consinto que me deixes de amar.

Ama-me como és. Ama-me em todo momento, qualquer que sejas a situação em que te encontres, de fervor ou aridez, de fidelidade ou traição. Ama-me como és. Quero o amor do teu coração indigente. Se esperas ser perfeito para amar-me, nunca chegarás a amar... Deixa-me também amar-te: quero o teu coração.

Tenho planos para ti: quero modelar-te. Mas enquanto isso não acontece, eu te amo assim como tu és. E quero que tu faças o mesmo. Desejo ver o teu amor, que se levanta por cima de tua miséria.

Amo em ti, inclusive, a tua fragilidade. Quero que da tua indigência se levante este grito: Eu te amo, Senhor!

O que me importa é o canto do teu coração. Para que preciso eu de tua ciência ou de teus talentos. Não te peço virtudes. Sou eu que as dou a ti. Mesmo assim, tu és tão frágil que sempre mistura nelas o teu amor-próprio. Mas não te preocupes com isso...

---

[1] Vale lembrar que o texto foi escrito como se o próprio Deus Pai estivesse se dirigindo a cada um de nós.

Preocupa-te somente em encher de amor o momento presente. Hoje tu me tens à porta do teu coração, como um mendigo. Eu, que sou o Senhor dos senhores. Bato à tua porta e espero. Vem depressa abrir-me a porta do teu coração. Não alegues a tua miséria.

Se conhecesses plenamente a dimensão de tua inteligência, morrerias de dor. Uma só coisa poderia ferir-me o coração: ver que tu duvidas, que te falta confiança. Quero que penses em mim todas as horas do dia e da noite. Não quero que realizes a ação mais insignificante por um motivo que não seja o amor. Quando chegar para ti o sofrimento, eu te darei forças. Tu me deste teu amor. Eu te farei amar mais do que hajas podido sonhar. Mas lembra-te disto: ama-me assim como és. Para entregar-te ao Amor não espere ser um(a) santo(a). *Se esperas isto, nunca chegarás a amar*".[2]

É este amor que o Senhor tem para conosco, que nos impulsiona a seguir os passos da Virgem Maria dentro do Mistério do Ano Litúrgico.

Santo Agostinho já dizia: "Criastes-nos para ti, Senhor, e nosso coração andará inquieto, até que não descanse em ti". Tal inquietude só acabará quando colocarmos o Senhor no centro da nossa vida, assim como fez a Virgem Maria.

E, com ela, seremos sempre os servos e as servas do Senhor, amando a todos, sem distinções, pois esta é a finalidade de termos sido criados. Todas as outras coisas (obras de caridade, vida sacerdotal e religiosa, estudos acadêmicos, bonitas homilias, o canto bem entoado...) são meios para se chegar ao fim, que é estar com a Santíssima Trindade, a Virgem Maria, São José e Todos os Santos, participando das núpcias do Cordeiro, na felicidade eterna. Esta realidade constitui o fim último de todos os justos e, por isso, nunca devemos esquecer que: "Quanto mais dependo de Deus, mais livre eu sou!".

Assim sentiram as grandes mulheres da Bíblia:

Senhor, ajudai as mulheres a serem como *Raquel*, na arte de amar; como *Joquebede*, no espírito de sacrifício e renúncia; como *Débora*, na solidariedade e no estímulo; como *Rute*, na dedicação e na bondade; como *Ana*, na fé e na fibra para cumprir o voto; como *Micol*, na

---

[2] Autor desconhecido. In mimeo. Destaque nosso.

astúcia para usar suas qualidades para o bem e não para o mal; como *Abigail*, a mensageira da paz; como *Ester*, desinteressada e altruísta; como *Maria*, Mãe de Jesus, mulher pura, humilde e obediente a Deus; como *Isabel*, que sabia regozijar-se com o bem alheio; como *Marta*, na disposição para o trabalho material; como *Maria*, no anseio espiritual em aprender com Jesus; como *Lídia*, abrindo as portas aos que chegassem cansados; como a *mulher samaritana*, que corre a falar da salvação. Senhor, se houver, retire de mim: a vontade de olhar para trás, como a *mulher de Ló*; a preferência por um filho, como *Rebeca*; o desejo adúltero da *mulher de Potifar*; a traição de *Dalila*; a trama macabra de *Herodíades*. De vós, Senhor, suplicamos: a paz, a bênção e o perdão. Amém.[3]

A Virgem Maria é a síntese de todas estas mulheres fortes da Bíblia, como também modelo para aquelas que erraram, como a mulher de Ló e Potifar, Rebeca e sua preferência filial, a traidora Dalila e a macabra Herodíades. Pois a Mãe do Senhor, durante toda a sua vida foi e continua sendo o Modelo de Mulher moldado pelas mãos do Criador. Vamos, com ela, voltar ao Amor Primeiro, nosso Senhor Jesus Cristo e sermos felizes para sempre.

---

[3] PEREIRA, 2015, pp. 95-96. Grifos nossos.

Referências

A PROFUNDIDADE TEOLÓGICA DO OFÍCIO DA IMACULADA CONCEIÇÃO. Disponível em: <http://vashonorabile.blogspot.com.br/p/aprofundidade-teologica-do-oficio-da.html>. Acesso em: 29.03.2017.

CNBB. *Lecionário para Missas de Nossa Senhora*. 1. ed. Brasília: Edições CNBB, 2016.

CNBB. *Missas de Nossa Senhora*. 1. ed. Brasília: Edições CNBB, 2016.

CONSTITUIÇÃO DOGMÁTICA sobre a Igreja do Concílio Vaticano II, *Lumen Gentium*.

DOCUMENTO DE PUEBLA, n. 298.

FREIRE, Rita de Sá. *Sábado, dia de Nossa Senhora*. Disponível em: <http://www.a12.com/santuario-nacional/formacao/detalhes/por-que-o-sabado-santo--e-dedicado-a-maria>. Acesso em: 24.03.2017.

FREITAS, Eduardo. O capítulo VIII do documento *Lumen Gentium*. Disponível em: <http://mariologiapucrs.blogspot.com.br/2013/03/o-capitulo--viii-do-documento-lumen.html>. Acesso em: 03.10.2016.

KURTEN, Ivonete; SANTOS, Francisco Eduardo de Souza. *Um mês com a rainha do céu*: refletindo a Salve-Rainha. São Paulo: Paulinas, 2017.

LIRA, Dom Bruno Carneiro. *A celebração da Santa Missa*: subsídio litúrgico pastoral. 1. ed. Petrópolis (RJ): Vozes, 2013.

_____. *Tempo e canto litúrgicos*. 4. ed. São Paulo: Paulinas, 2017.

LITURGIA DAS HORAS: ofício das leituras. São Paulo: Paulinas, 1982.

MISSAL COTIDIANO: missal da assembleia cristã. São Paulo: Paulus, 1985.

MISSAL DOMINICAL: missal dominical da assembleia cristã. São Paulo: Paulus, 1995.

MISSAL COTIDIANO. 7. ed. São Paulo: Paulus, s.d., p. 1718.

PAULO VI. *Constituição Dogmática sobre a Igreja*. Disponível em: <http://www.vatican.va/archive/hist_vatican_coucil/documents/vat-ii_const_19641121_lumen-gentium_po.html>. Acesso em: 03.10.2016.

PAULO VI. Exortação Apostólica *Marialis Cultus*, n. 37.

PEREIRA, José Carlos. *Em oração com Maria*: reflexões para cada dia do mês. São Paulo: Paulinas, 2015.

PROVÍNCIA CARMELITANA PERNAMBUCANA. *Em oração com Maria, Mãe do Carmelo*. Recife: Gráfica Dom Bosco, 2005.